Francisco Cândido Xavier • Elias Barbosa
Espíritos Diversos

Estamos Vivos

INSTITUTO DE DIFUSÃO ESPÍRITA
Av. Otto Barreto, 1067 - Caixa Postal 110
CEP 13602-970 - Araras - SP - Brasil
Fone (19) 3541-0077 - Fax (19) 3541-0966
C.G.C. (MF) 44.220.101/0001-43
Inscrição Estadual 182.010.405.118

IDE EDITORA É APENAS UM NOME FANTASIA UTILIZADO PELO INSTITUTO DE DIFUSÃO ESPÍRITA, O QUAL DETÉM OS DIREITOS AUTORAIS DESTA OBRA.

www.ide.org.br
info@ide.org.br
vendas@ide.org.br

Diagramação:
Vivaldo da Cunha Borges

Capa:
César França de Oliveira

4ª edição – agosto/2006
10.000 exemplares
(13.001 ao 23.000)

FICHA CATALOGRÁFICA

(Preparada na Editora)

Xavier, Francisco Cândido, 1910-2002.

X19e *Estamos Vivos* / Francisco Cândido Xavier, Espíritos Diversos, Elias Barbosa. Prefácio de Emmanuel. Araras, SP, 4ª edição, IDE, 2006.

128 p.: 14 il.

ISBN 85-7341-352-2

1. Espiritismo 2. Psicografia I. Espíritos. Diversos II. Barbosa, Elias, 1934- III.Título.

CDD-133.9
-133.91
- 133.901 3

Índices para catálogo sistemático:

1. Espiritismo 133.9
2. Psicografia: Cartas: Espiritismo 133.91
3. Vida depois da morte: Espiritismo 133.901 3

ÍNDICE GERAL

ÍNDICE DAS ILUSTRAÇÕES

ESTAMOS VIVOS

Este é um livro de elevada significação, porque é uma coleção de depoimentos tão diversos uns dos outros, qual ocorre ao relacionamento no seio da comunidade humana.

***

Cada manifestante se caracteriza pelos seus próprios pontos de vista, diante da verdade.

***

Todos passaram pelo renascimento quanto os outros que ombreiam conosco na Vida Espiritual, do que vivem, do que fizeram e tentam prosseguir fazendo, dos pensamentos que acalentaram e ainda acalentam, dos métodos de vivência a que se entregaram e que procuram manter, tanto quanto possível, nas regiões em que residem, segundo a necessidade e o merecimento próprio.

***

Apresentados por um companheiro do alto gabarito de um meticuloso observador como acontece ao nosso amigo Elias Barbosa, esclarecem a própria situação em que permanecem além da morte física, buscando alertar o entendimento dos familiares e amigos que deixaram no Plano Físico.

* * *

Nada de transfigurações milagrosas, nada de favoritismo e nem concessões especiais.

* * *

Naturalmente, cada qual se encontra com as qualidades ou defeitos, com as inclinações a que se afeiçoavam, mostrando com isso que a vida ainda continua, cabendo-lhes enquadrar a realidade que lhes é própria e revelando que não lhes faltam oportunidades ao esforço e aperfeiçoamento, a que devem confiar as próprias forças no trabalho árduo da auto-disciplina e da dedicação às boas obras em que as leis da vida lhes situam à posição dos grupos a que pertencem.

* * *

Elias Barbosa, o coordenador dos manifestantes aqui reunidos, sugerindo-nos o devotamento ao trabalho e ao aproveitamento de novas possibilidades de ascensão a planos mais elevados, em nosso próprio benefício.

* * *

Neste volume, cada depoente nos revela o que foi e

o que fez na existência transitória da vida material, ensinando-nos a valorizar o tempo e a praticar o aprimoramento individual, descerrando-nos a mente às exigências da nossa renovação.

* * *

"Estamos Vivos", clamam os mensageiros e irmãos nossos na Vida Maior, e certamente estamos todos vivos para empreender as nossas próprias conquistas, de modo a iluminar a vida em nós mesmos.

* * *

Se nos permite, leitor amigo, diremos que estamos à frente de uma cascata de luz, recebendo as idéias e as sugestões dos nossos Mentores da Espiritualidade Superior, de maneira a escolher o melhor caminho que se nos oferece à melhoria que demandamos.

* * *

Cotejemos os enunciados dos companheiros que constituem partes integrantes deste livro e, procurando fazer o melhor ao nosso alcance com vistas ao amanhã que nos espera, roguemos a Jesus, o nosso Divino Mestre, nos esclareça, inspire e abençoe.

Emmanuel

(Página recebida pelo médium Francisco Cândido Xavier, na noite de 21-02-92, em Uberaba, Minas Gerais.)

PRIMEIRA PARTE

RETORNO TRIUNFAL DE UM GRUPO DE JOVENS

1

Alexandre, o Português
Alexandre Furtado Cardoso

"NOSSA VIDA AQUI É UMA ESCOLA"

Oi, Mamãe Zilda, você está aí esperando algum sinal do Português e venho com o vovô Dirceu, que me auxilia a escrever-lhe esta carta ligeira.

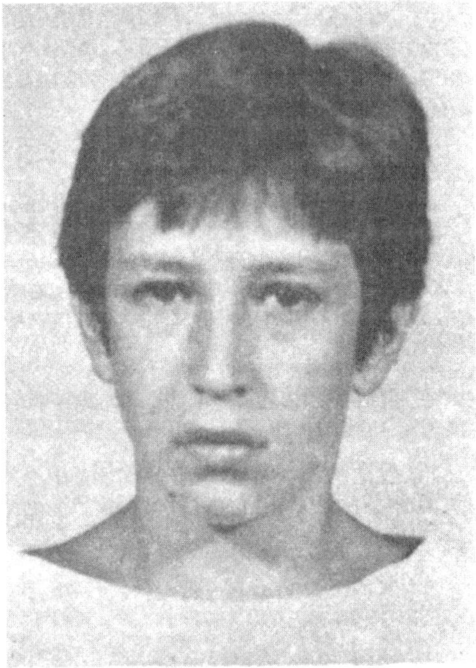

Alexandre

Mamãe, o nosso choque com a carreta por cima não está em nenhum gibi.

O Rodrigo fez tudo o que lhe era possível para movimentar o carro, entretanto, não foi possível, e a carreta não parecia com pouca banguela.

Já sei que acontece o que

Deus permite e faz em nosso benefício , e nada tenho de que me queixar.

Estamos ainda internados num recanto de refazimento e saúde, aprendendo e pensando.

O Dr. Sandoval tem sido um amigo precioso, mas temos quase que diariamente o Frei Gabriel conosco, dialogando com paciência e permitindo-nos formular as perguntas que nos venham à cabeça.

Já não estamos enfaixados e nem estamos passando por segregação rigorosa.

Já conseguimos algumas pequenas excursões no Grande Parque Residencial, onde o nosso recanto está localizado, e vimos maravilhas que não consigo descrever.

Maravilhas no céu e no solo.

Às vezes, fico imaginando sobre a grandeza de Deus que naturalmente mandou fazer um solo para nós, quando estamos na Terra Física e outro quase igual, porém muito mais repleto de riquezas, para nós, as criaturas do mundo, quando transpõem as fronteiras da libertação.

Nossa vida aqui é uma escola; ainda não temos espaço para apostas e brincadeiras.

O meu próprio avô Dirceu diz que, tanto quanto no Mundo Físico, a vida para ser correta não dispensa as disciplinas e os horários.

Tudo é muito bonito, mas (aqui para nós) eu gostaria muito mais de estar em Frutal.

Mas não estou rebelde.

Os seus conselhos estão funcionando.

Mãe, você precisa estar feliz para fazer a alegria de meu Pai e dos meus irmãos Marcelo e Júnior.

Não fique triste, porque desânimo e choradeira não existem onde estamos.

O Didido sabe que vim escrever e ficou satisfeito.

Querida Mãezinha Zilda, abrace por mim a prima Sílvia, que está presente.

E guardando a senhora e o meu Pai sobre os meus joelhos fortes, um abração para os dois do filho muito saudoso e muito agradecido,

Alexandre,

O Português.

* * *

1 - *Introdução*

Antes de analisarmos a expressiva mensagem que acabamos de ler, recebida pelo médium Xavier a 31 de maio de 1985, expliquemos o motivo pelo qual dividimos o presente volume em duas partes.

Fizemo-lo porque os cinco Autores Espirituais que comparecem nesta Primeira Parte, dispostos em ordem alfabética e não cronológica por comparecimento mediúnico – os jovens Alexandre, o Português; Didido; Guto; Nadinho e Romêro –, desencarnaram num mesmo acidente automobilístico, praticamente na mesma hora, consternando milhares de pessoas de todo o Estado de Minas Gerais, especialmente da vasta região do Triângulo, servindo-se da mesma instrumentalidade medianímica – Francisco Cândido Xavier –, naturalmente em datas diferentes.

Não obstante todos os veículos de comunicação das cidades vizinhas tenham dado notícias detalhadas do considerado infausto acontecimento, selecionamos para o leitor amigo apenas duas reportagens publicadas nas folhas de Frutal, a primeira delas no *Jornal Esquema* (Nº 562, de 10 de fevereiro de 1985), fundado pelo inesquecível companheiro de lides espíritas, Paulo Martins Goulart (30-01-46 – 14-11-79), "Tragédia na BR-364 – Acidente mata cinco crianças":

"*Frutal* - A população local viveu momentos de autêntica comoção na noite do último domingo e durante o dia, da segunda-feira, ao acompanhar o drama vivido por quatro famílias tradicionais da cidade. Tudo aconteceu por volta das 18 horas do domingo, quando o veículo Sedan Volkswagen 1.300, cor verde, dirigido pelo jovem Rodrigo Junqueira Alves de Souza, 14 anos, foi colhido pelo caminhão Scânia. O próprio condutor do Scânia foi apanhado de surpresa e não teve tempo de frear o veículo, que atingiu o fusca em cheio, arrastando-o, ainda, por cerca de 60 metros em direção da pista contrária.

Cinco Mortos

No local do acidente morrem Rodrigo Junqueira Alves de Souza, de 14 anos, filho de José Marco Alves de Souza e Nilza Lourdes Junqueira Souza; Romêro Junqueira Alves de Souza, de 12 anos, irmão de Rodrigo; Wagner Augusto Jesus de Souza Júnior, primo de Rodrigo e Romêro, filho de Wagner Augusto Jesus de Souza e Helena Maria Queiroz de Souza, e Alexandre Furtado Cardoso, de 11 anos, filho de José Maria Cardoso e Zilda Furtado Cardoso.

Já o jovem Vítor Leonardo Santana, 12 anos, filho de Osmar José Santana e Elvira Alves de Santana, ainda conseguiu chegar com vida ao Hospital São José, onde veio a falecer quando recebia os primeiros cuidados médicos.

Luto e feriado

Os primeiros impactos do choque foram sentidos momentos após o acidente, quando praticamente toda a população de Frutal começou a se dirigir às residências dos jovens, procurando ver os corpos e levar conforto a seus familiares, que se encontravam em estado de desespero total.

A direção do Grupo UAI, organizador do Festival de Música, reuniu-se com a Comissão Julgadora e participantes do evento, chegando a um acordo unânime: adiar a finalíssima do evento para o dia 1º de março, em sinal de respeito aos jovens e a suas famílias. Já o prefeito Celso Brito decretou feriado municipal após as 12 horas da segunda-feira e luto oficial de três dias, em todo o município.

Corpo presente

Às 13 horas da segunda, aconteceu Missa de Corpo Presente, celebrada pelo frei Vicente da Silva Pereira, que estava visivelmente emocionado. Mais de 3 mil pessoas superlotaram a Matriz de Nossa Senhora do Carmo. O trajeto entre a Igreja e o Cemitério Municipal, pela rua Silviano Brandão, foi acompanhado por mais de 7 mil pessoas, que seguiram junto com os cinco meninos até o local do sepultamento. Um clima de profunda tristeza e abatimento tomou conta da cidade durante toda a semana."

Da *Folha de Frutal* (Ano V, Frutal, 09 a 15/02/1985 – Nº 177), sob o título "Povo de Frutal comovido com tragédia automobilística", trasladнамos apenas o seguinte:

"Uma das maiores tragédias da história automobilística de Frutal ocorreu no dia 3, próximo das 15 horas, no trevo da BR-364." – acrescentando que os jovens, ao voltarem de um passeio, "ao chegarem no trevo, adentraram a pista, sendo colhidos por uma carreta de Rio Claro. Quatro morreram no local do acidente, somente Vítor sobreviveu, morrendo ao dar entrada no HSJ."

Depois de afirmar que "a Prefeitura, o Comércio, o Judiciário e o Festival da MPB de Frutal tiveram suas atividades interrompidas, em homenagem aos falecidos", conclui:

"Profunda comoção tomou conta da população e dos parentes com a tragédia que enlutou quatro famílias da nossa sociedade: os Alves de Souza; os Souza e Silva, Cardoso e Santana."

Queremos registrar aqui os nossos agradecimentos ao Sr. Mauro de Menezes pela recolta do material de que estamos nos servindo, rogando a Jesus lhe ilumine cada vez mais os passos de dedicado tarefeiro do Espiritismo-Cristão, não somente em Frutal, mas em toda a região triangulina.

Deixamos para a *Segunda Parte* os demais Espíritos comunicantes, amigos que desempenharam suas respectivas missões na vida física, em outras regiões de nosso País, dispondo-os, também, em ordem alfabética.

2 – *A Mensagem de Alexandre, o Português*

Alexandre Furtado Cardoso nasceu no dia 12 de março de 1973, em Frutal, Minas, filho de José Maria Cardoso, português, e de D. Zilda Furtado Cardoso, residentes à Rua Prudente de Morais, nº 15, telefone: 421-2146.

1 - *Vovô Dirceu* – Trata-se de Dirceu Furtado, avô materno, nascido a 5 de maio de 1905, e desencarnado em Frutal, a 19 de setembro de 1981.

*

2 - *Rodrigo* – Rodrigo Junqueira Alves de Souza, sobre quem falaremos no próximo capítulo, realmente, era o motorista do Sedan Volkswagen 1.300, colhido, amassado e arrastado por uma carreta, na tarde de 3 de fevereiro de 1985.

*

3 - *Dr. Sandoval* – A respeito do Dr. Sandoval Henrique de Sá, eis o que noticia o *Jornal Esquema*, no 2º Caderno da edição especial (Nº 231 – 1º de julho de 1978):

"Faleceu em Campinas, no Hospital Vera Cruz, vítima de uma insuficiência cardíaca pós-operatória, o médico frutalense e líder político, Sandoval Henrique de Sá, no dia 17 de junho último. O corpo foi transladado para Frutal e o seu sepultamento deu-se no domingo, às 15 horas. (....)

Dr. Sandoval Henrique de Sá

Filho de Henrique José da Silva (advogado, engenheiro, acadêmico de medicina quando faleceu) e Benedicta de Abadia Guimarães, nasceu em Pirinópolis, GO, no dia nove de março de 1892. Em 1918, formou-se em Medicina pela Universidade do Brasil, do Rio de Janeiro. Quando a gripe espanhola assolava várias partes do país, ele olhou para o mapa e procurou uma cidade que ficasse no final de uma estrada de ferro. Localizada Frutal, 30 quilômetros distante da Estrada de Ferro Paulista, em Colômbia, no Estado de São Paulo, e para cá se dirigiu. No dia 8 de setembro de 1938 casa-se com Durvaleta, frutalense, formada em farmácia pela faculdade de Ribeirão Preto. Do casamento nasceu a filha única, Sônia, casada com o advogado Jesus de Aquino Jayme, pais de Valéria, a neta que ele adorava. (....)

Abrir estradas foi o seu sonho maior. Na companhia de Abdo Amim, Henrique farmacêutico e João Bernardo, abriu a primeira, ligando Frutal a São Francisco de Sales.

Quando foi inaugurado o trecho da BR-364, ele estava muito feliz ao lado da sua mulher quando alguém passando e vendo o seu contentamento disse: parecem um casal de namorados. Prontamente, dona Durvaleta respondeu: "não, a sua verdadeira namorada é esta estrada". Foi um riso geral.

Embora gostando apaixonadamente de estradas, jamais se descuidou da medicina e, periodicamente, ia ao Rio de Janeiro participar de cursos e congressos. ("Frutal perde seu líder e estrada ganha o seu nome".)

De Martins, no mesmo jornal, em "Abraçou uma obra maior que a sua própria existência", assim concluiu a sua lúcida página sobre o distinto médico e engenheiro reencarnado:

"Embora médico que muito contribuiu para o engrandecimento da medicina, sua vocação situava-se no campo da engenharia e construir estradas que permitissem uma integração entre vários pontos do País era o ideal que o acompanhava durante as 24 horas do dia. Foi um homem que podia ser considerado adiantado no tempo. Sua visão atingia outros estágios do desenvolvimento e os seus planos, considerados muitas vezes arrojados e inaplicáveis, se assentavam na realidade futura. Nada realizou para o presente, sempre construiu para o futuro e para um futuro distante, de acordo com as possibilidades e recursos de que dispunha.

Fez muito por Frutal, terra que abraçou como berço e amou como verdadeiro filho. Se não fez mais foi porque lhe faltaram tempo e compreensão dos que deveriam integrar dentro do seu padrão, o seu esforço em prol da coletividade. Mesmo assim, solitário nas suas campanhas de reivindicação, ele compulsava livros de história, geografia, política, economia e, dos seus estudos aliados a seu conhecimento desta região, traçava as linhas por onde deveriam passar as BRs, num perfeito serviço de engenharia e política geoeconômica, que publicava pela imprensa e encaminhava à Presidência da República, ao DNER, DER e governadores de Estado.

Incompreendido, marginalizado, esquecido, ao seu sepultamento compareceram os amigos mais chegados e grande parte se compunha de moradores mais idosos das vizinhanças rurais, pessoas que foram atendidas e beneficiadas por ele no campo da medicina. Como patrono das reivindicações no plano viário, ele se imortalizou."

*

4 - *Frei Gabriel* – Sobre Frei Gabriel de Frazzanó, fiel seguidor de Francisco de Assis, eis o que diz o Fr. Francisco Maria de Uberaba – capuchinho –, em seu livro *Frei*

Frei Gabriel de Frazzanó

Gabriel, o Irmão de Todos (Tipolitografia Escola Profissional – Pouso Alegre – Minas Gerais –, carta-prefácio datada de Uberaba, 30 de Março de 1978):

"Na velha Sicília (Itália) dominada por diversos povos através dos séculos nasce Frei Gabriel. Era o dia 27 de fevereiro de 1907. Seus pais Salvador e Maria Papa estavam felizes com o nascimento da criança que iria por certo encher aquela família simples e pobre.

Nasceu precisamente na cidade chamada Frazzanó. Pequena comunidade de 1.200 pessoas, fica em região montanhosa, perto da cidade de São Marcos de Alúnzio. E perto também da cidade de Messina, onde os frades capuchinhos têm a sede da província do mesmo nome. (....) No ambiente singelo de Frazzanó, entre folguedos e sonos profundos, entre manadas de cabras leiteiras e visitas ao templo, viveu o menino Antônio Machi (era seu nome de batismo). (....)

Frei Gabriel de Frazzanó chegou ao Brasil (porto de Santos) em 10 de outubro de 1936, às 4 horas da tarde, debaixo de mansa chuva – como me disse seu companheiro de viagem, Frei João Azolina, hoje residente em Frutal."

Informa-nos, ainda, o Fr. Francisco de Uberaba, que Frei Gabriel, na cidade de Carmo do Paranaíba, Estado de Minas Gerais, foi o encarregado da construção da nova Igreja, cujos trabalhos foram iniciados no dia 15 de agosto de 1946, também construindo uma capela no bairro chamado Niterói, cuja inauguração se deu em 1942.

Em Uberaba, Frei Gabriel trabalhou ativamente, colaborando no término da construção das Igrejas de São Judas e São José, na paróquia de Santa Teresinha, promovendo, todos os anos, o Natal dos Pobres, chegando, em 1955, a distribuir grande quantidade de gêneros alimentícios para inúmeras famílias uberabenses.

A propósito, anotou Frei Francisco de Uberaba:

"O poeta Célio Grunewald escreveu uma trova que é a recordação do programa assistencial e pastoral de Frei Gabriel:

'Pensemos na eternidade
e ajudemos nosso irmão
que fora da caridade
não existe salvação.'" – completando:

"Pelos inícios de 1957, Frei Gabriel, vindo de Uberaba, chega a Frutal trazendo sua mala simples de frade menor a serviço das comunidades religiosas e paroquiais. Desde logo granjeou muita estima e pôs-se ao trabalho humilde (conforme seu estilo pessoal) de ajudar na igreja, na sacristia, na cozinha da casa paroquial e na assistência aos enfermos e pobres."

Em Frutal, foi responsável pela edificação da nova Matriz, solenemente inaugurada, no dia 16 de junho de

1961; recebeu o título de "Cidadão Frutalense", no dia 25 de dezembro de 1965; e a 4 de outubro de 1971, foi homenageado pelas autoridades municipais, que deram à praça defronte ao Alvorada Praia Clube o nome de Praça Frei Gabriel, fundador do Asilo Pio XII e do Hospital São Francisco de Assis, da Casa da Criança Santo Antônio de Pádua e foi o responsável pela construção da Capela Nossa Senhora da Aparecida, no Bairro das Casas Populares.

Depois de alguns dias de internado, no Hospital em que ele mesmo fundou, Frei Gabriel veio a desencarnar, no dia 17 de abril de 1973, encontrando-se o seu túmulo, simples e comum, à direita da entrada do Cemitério Municipal, na segunda ala.

O distinto historiador frutalense, Sr. Ernesto Plastino, em seu livro inédito – *Apontamentos Históricos de Frutal* - (1976) –, página 182-a –, ao qual tivemos acesso, graças à gentileza do Sr. Mauro de Menezes, coloca a seguinte legenda sob a foto de Frei Gabriel de Frazzanó, o grande benfeitor da comunidade frutalense:

"Nasceu na Itália em 27 de fevereiro de 1907, chegou a esta cidade em 22-03-1936 e aqui faleceu às 18:30 hs. do dia 17 de abril de 1973. Por ocasião de seu sepultamento (9:30 hs. dia 18), à beira de seu esquife, exposto no centro da nossa Matriz, o seu grande amigo e médico Dr. Antônio Onofre Miziara pronunciou sentidas palavras de despedida, dizendo, com a voz embargada: – "Partiu-se ao meio a viga mestra que sustentava todas as obras de assistência social desta comuna. Arrojado, arremetido com entusiasmo em tudo aquilo que planejava executar, aí estão as obras realizadas, em bom termo, pelo saudoso extinto: a Casa Paroquial, a Igreja Matriz, a Igreja Nossa Senhora Aparecida, o Asilo Pio XII e sua Capela, a Casa da Criança e a Santa Casa de Misericórdia. Todas essas obras constituem os mais belos lances de sua existência, toda ela consagrada no semear o bem e a caridade. Em Frei Gabriel madrugou, quando ainda jovem, o sentimento de fraternidade humana. Viveu e partiu como viveu: com nobreza e dignidade."(Ver págs. 178 a 182 destes *Apontamentos Históricos de Frutal*)."

*

5 - *Didido* – Consultemos o item 2, acima. Eis uma prova inconcussa da autenticidade mediúnica: quando poderia o médium saber que o apelido de Rodrigo era esse – Didido?

*

6 - *Sílvia* – Srta. Sílvia Cortes, prima do comunicante, residente em Frutal.

*

Importante observar, na carta recebida pelo médium Xavier, as referências: 1) ao socorro prestado pelo Espírito do Dr. Sandoval Henrique de Sá, o grande entusiasta das rodovias, na que ele, quando encarnado, mais admirava – a BR 364 –, até mais do que aquela que hoje lhe ostenta o nome – a MG-255; 2) ao enfaixamento feito nos cinco jovens pelos ortopedistas desencarnados, na Colônia Espiritual, onde foram socorridos; 3) a solicitude, não somente do vovô Dirceu, mas, principalmente, do Frei Gabriel; 4) a condição de ser humano: apesar de se encontrar num local maravilhoso, devido aos laços de amor que o unem aos que ficaram no mundo, "gostaria mais de estar em Frutal."; 5) finalmente, o lembrete para que a genitora se alegre, a fim de que o pai, contagiado pelo júbilo dela, possa fazer a alegria dos irmãos Marcelo e José Maria Cardoso Júnior.

2

Didido
Rodrigo Junqueira Alves de Souza

COM A PERMISSÃO DOS MENSAGEIROS DE JESUS

Querido Papai José Marco e Mãezinha Nilda, estou aqui com as notícias que ansiávamos transmitir para sossegar os familiares e os amigos, a nosso respeito.

Estou consciente do desastre calamitoso de que fomos vítimas.

Pai, não sei como foi o que sucedeu.

Quando vimos a carreta na retaguarda, tivemos o susto natural de quem percebe o perigo, e ficamos baratinados, ignorando como retirar o carro fora da pista, na rodovia.

Não sei, porém, como não nos foi possível retirar o veículo do meio da pista, justamente quando queríamos e precisávamos afastar a máquina que parou instantaneamente, à maneira de um animal que se decidisse a empacar.

A realidade é que a carreta que vinha com velocidade normal, a nosso ver, contava com a nossa saída para a esquerda ou para a direita e naturalmente incapaz de fazer funcionar os freios assim de estalo, o motorista, decerto, admitiu que nos distanciaríamos da posição perigosa nos momentos últimos.

Entretanto, afobados como nos achávamos, não atinamos com a maneira de movimentar a nossa máquina.

Em nosso apuro, não esperávamos que a carreta nos colhesse, e, por isso devo dizer que fomos surpreendidos com aquele rolo compressor a esmagar-nos sem qualquer outro recurso de evitar o acidente infeliz.

Creio que nenhum de nós saberá contar o que foi aquele amasso de ferragem, sufocando-nos e retalhando-nos o corpo.

Falando a verdade, não sei se pela emoção ou pelo susto, não sentimos dor alguma.

Lembro-me de que saltamos do corpo, tão de improviso, que a cena me lembrou o amendoim quando salta da casca.

Vimo-nos todos de pé, ao lado de pessoas que pareciam nos esperar.

Estávamos, porém, tontos e inseguros.

O Romêro me fitou espantado, como quem queria explicações que eu mesmo não sabia dar.

A hora não admitia saudações ou cortesias, porque a nossa cabeça rodopiava.

Fomos então carregados para uma ambulância de grande tamanho, mas o ambiente estava diferente.

As pessoas que nos aguardavam, ao que parece, sabiam que nós todos íamos tombar ali mesmo, porque nos abraçaram qual se fôssemos crianças, e seguiram conosco, à pressa, na direção da ambulância.

Um senhor recomendava-nos que não olhássemos para trás.

Ele pusera o Português nos braços fortes, e as senhoras presentes guardaram a cada um de nós no próprio colo, apressadamente.

Assim que a ambulância deu partida, caímos todos num sono esquisito, como se tivéssemos recebido injeções de sedativos fortes.

E dormimos.

Quando acordei, pois fui eu a despertar antes de todos na enfermaria, em que ficamos segregados, vim a saber que o homem que carregara o Português se chamava Sandoval, e fiquei sabendo que era o Dr. Sandoval de Sá.

Cautelosamente, ele me informou que eu estava em condições de saber o que acontecera pelas muitas leituras que já fizera.

Ele me esclareceu que estávamos sob a proteção de nossas parentas, e falou-me que a vovó Minerva me havia suportado nos braços; que o Romêro havia sido transportado do carro para a ambulância pela nossa avó ou bisavó Filhuca; que a tia Geralda carregara o Guto desmaiado; e a tia Luizinha havia se encarregado de conduzir o Nadinho nos próprios braços.

Quando estávamos nesse dia, logo apareceu a vovó Minerva que procurou me consolar, pois a notícia recebida me reduzira a um menino chorão, vendo os companheiros inanimados.

Começou para mim uma vida nova, porque senti muito a falta de sua presença, do Leonardo e da Luciene, ao mesmo tempo que imaginava o sofrimento de nossos familiares da cidade.

Vó Minerva procurou acalmar-me, e um padre, que nos acompanhava, me aconselhou a oração.

O Dr. Sandoval me disse que aquele sacerdote era o cônego Osório.

O anseio de lhes enviar notícias era uma ansiedade, que eu não sabia controlar.

Chorando estava e chorando continuo, apesar dos conselhos da vó Minerva, que recomendava serenidade e fé em Deus.

No dia seguinte, o Romêro e os outros acordaram com a mesma perplexidade em que me vi.

As lágrimas vieram aos olhos de todos, porque pensávamos muito mais em nossos pais queridos do que em nós mesmos, e por cinco dias estivemos acamados e febris.

O Guto, o Nadinho e o Português com o Romêro a falarem na saudade de casa, e eu querendo bancar o forte, conquanto me sentisse o mais fraco de todos os companheiros.

Assim estamos ainda, sendo tratados por Dr. Sandoval de Sá e por outros médicos e enfermeiros.

Não posso continuar.

A vovó Minerva, que me trouxe, é de opinião que devo continuar estas notícias depois, porque a vontade de voltar para a nossa casa, em sua companhia e em companhia de Mãezinha Nilda, está me alterando os pensamentos.

Agradeço, em meu nome e em nome dos companheiros, o amparo religioso que nos deram, e as preces em casa com que fomos apoiados por nossos pais e mães.

A vovó Minerva me pede para não fazer queixa alguma, porque o que nos aconteceu se verificou com a permissão dos Mensageiros de Jesus, para nosso benefício.

Mais tarde compreenderemos tudo isso.

Papai José Marco e Mãezinha Nilda, com nossos amigos que vieram de Frutal, fiquem todos na certeza de que estamos com muita fé em Deus.

Aos pais queridos, as muitas saudades com todo o carinho do filho que ainda não sabe escrever, mas do filho agradecido de sempre,

Didido

Didido

Rodrigo Junqueira Alves de Souza

* * *

Filho do Dr. José Marco Alves de Souza, advogado e industrial, e de D. Nilda de Lourdes Junqueira Souza, residentes em Frutal, Minas, à Rua Treze de Maio, 222, CEP 38200, *fone:* 421-2113, Rodrigo nasceu no dia 11 de junho de 1970, em Frutal, tendo concluído a 8ª série do 1º Grau.

1 - "A realidade é que a carreta que vinha com velocidade normal, a nosso ver, contava com a nossa saída para a esquerda ou para a direita e naturalmente incapaz de fazer funcionar os freios assim de estalo, o motorista, decerto, admitiu que nos distanciaríamos da posição perigosa dos momentos últimos." – Digna de nota a preocupação do Espírito, compreendendo, agora, em que consiste a Lei de Causa e Efeito, por não responsabilizar o motorista da carreta pelo acontecido.

*

2 - “Falando a verdade, não sei se pela emoção ou pelo susto, não sentimos dor alguma.” – Confortadora revelação de que os que foram surpreendidos com aquele rolo compressor a esmagá-los, não sentiram dor alguma. Quão grande e sábia é a Misericordiosa Justiça de Deus!

*

3 - “Lembro-me de que saltamos do corpo, tão de improviso, que a cena me lembrou o amendoim quando salta da casca.” – Bela imagem para caracterizar a desvinculação violenta do corpo de um Espírito com a consciência não conspurcada por remorsos cruéis.

*

4 - *Romêro* – Consultemos o Capítulo 5, adiante.

*

5 - *O Português* – Cf. o Capítulo 1, retro.

*

6 - *Dr. Sandoval* – Cf. o item 3 do Capítulo 1, acima.

*

7 - “Cautelosamente, ele me informou que eu estava em condições de saber o que acontecera pelas muitas leituras que já fizera.” – A leitura construtiva, com efeito, é

da mais alta importância para o Espírito, principalmente quando em trânsito pela Terra, servindo-se de um corpo físico.

*

8 - *Vovó Minerva* – Trata-se de D. Minerva Maluf de Souza, avó paterna, nascida e desencarnada em Frutal, respectivamente, a 30 de janeiro de 1917 e 21 de novembro de 1967.

*

9 - *Nossa avó ou bisavó Filhuca* – Bisavó paterna, D. Maria Judith Alves de Souza, nascida a 16 de fevereiro de 1888, e desencarnada em Frutal, a 4 de novembro de 1968.

*

10 - *Tia Geralda* – Nasceu D. Geralda Carvalho de Souza, tia paterna, a 20 de abril de 1922, e desencarnou em Frutal, a 30 de abril de 1979, casada com o Sr. Gilberto Alves de Souza, residente à Rua Bias Fortes, 200.

*

11 - *Guto* – Cf. o Capítulo 3, adiante.

*

12 - *Tia Luizinha* – Nasceu D. Maria Luiza Pereira de Souza a 26 de agosto de 1914, e desencarnou a 29 de

novembro de 1966, primeira esposa do Sr. José Alves de Souza – Sr. Juquinha.

*

13 - *Nadinho* – Cf. o Capítulo 4, adiante.

*

14 - *Leonardo e Luciene* – a) Leonardo Junqueira Alves de Souza, nascido em Frutal, no dia 25 de abril de 1969, irmão de Romêro e do Didido; b) Luciene Esperança de Oliveira mora no lar do Dr. José Marco e de D. Nilda há 13 anos, e foi pagem dos dois filhos desencarnados do casal.

*

Cônego Osório Ferreira dos Santos

15 - *Cônego Osório* – Nascido em Uberaba, Minas, a 14 de novembro de 1876, e aí desencarnado, às 17 horas do dia 1º de janeiro de 1961, Cônego Osório Ferreira dos Santos exerceu as funções de Vigário da paróquia de Frutal, por 31 anos, sendo depois, transferi-

do para São Francisco de Sales. (Dados fornecidos por D. Oronda Mendonça de Queiroz, extraídos do livro *Município de Frutal (Minas),* de Roberto Capre, editado em 1916.)

Em entrevista concedida a Ruth Rossi Ribeiro e Ricardo Oliveira Barbosa, na tarde de 9 de fevereiro de 1989, em sua residência, em Uberaba, o Arcebispo D. Alexandre Gonçalves do Amaral, que neste ano completou 60 anos de sacerdócio, a 22 de setembro; 60 anos de publicação do 1º artigo, no jornal *O Horizonte*, que antecedeu *O Diário* e o atual *Jornal de Minas,* de Belo Horizonte, a 28 de setembro; e 50 anos de bispo de Uberaba, a 29 de outubro, tendo sido homenageado, de 20 de agosto a 21 de setembro, pela comunidade católica de Uberaba, afirmou que Cônego Osório Ferreira dos Santos se ordenou padre, em 1900, com 24 anos de idade, e já em 1939, era vigário da paróquia de São Francisco de Sales, depois de ter sido vigário da paróquia de Frutal, onde, na condição de pacificador de violentas brigas políticas, chegou a ser nomeado Chefe do Executivo, a pedido do povo e graças à exceção aberta por D. Eduardo Duarte Silva, primeiro bispo de Uberaba, que aqui chegou, em 1896, tendo se revelado excelente administrador, construindo famosa ponte que hoje leva o seu nome, escolas e hospitais, durante os quatro anos de governo; posteriormente, já residindo em Uberaba, prestava assistência à paróquia de Santa Rosa, hoje Iturama, onde ia todas as semanas, até a época de sua desencarnação, em janeiro de 1961, já Cônego do Capítulo de Uberaba; que fez a primeira comunhão, em companhia de Tonico dos Santos, na Igreja de Santa Rita, tendo estudado em Coimbra.

No extinto *Correio Católico*, de 21-01-61, D. Alexandre escreveu um artigo sobre Cônego Osório – "Um Túmulo na Terra e um Trono do Céu" –, do qual extraímos o seguinte: “A visão que Uberaba tem, hoje, de um túmulo aberto na terra e de um trono, levantado no céu, marca o epílogo, o coroamento de uma vida simples e operosa, cristã e sacerdotal, na humildade da renúncia e na grandeza de um mérito legítimo, do saudoso Cônego Osório Ferreira dos Santos.”

* * *

Que todos possamos nos lembrar do que nos diz o Espírito deste jovem, acerca do amparo religioso que ele e seus companheiros receberam, através de preces e atividades no bem dos seus familiares, especialmente pais e mães, facilitando-lhes a compreensão de que tudo o que aconteceu com eles se verificou com a permissão dos Mensageiros de Jesus, a benefício deles mesmos, os jovens de Frutal.

3

Guto
Wagner Augusto de Souza Júnior

MENSAGEM I

Querida Mãezinha Helena, estou muito contente por abraçá-la, e imagino-me também ao lado de papai Wagner, tanto quanto me sinto feliz por rever a tia Suely e todos os nossos familiares.

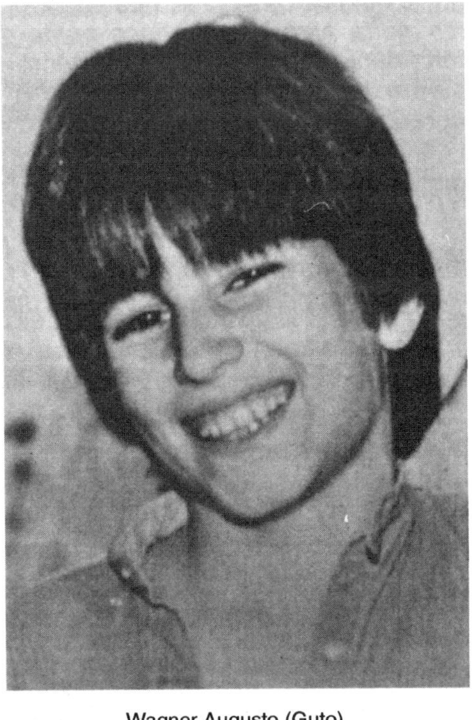

Wagner Augusto (Guto)

Mãezinha, a vovó Gegê veio comigo para dizer que estou melhor.

Agora, me sinto mais calmo, depois daquele susto que parecia nos arrasar.

Por muitos dias, estive num pesadelo.

Não sabia onde me achava e pedia, aos gritos, que me levassem para a casa, porque eu precisava de seus cuidados e da presença de meu pai.

Chamava por Flávia e Daniela, e não conseguia obedecer corretamente aos benfeitores, que nos assistiam.

O Didido me pedia serenidade e paciência, mas não me conformava.

Penso que impus muito trabalho à vovó Gegê, que não me deixou em instante algum.

Agora, estou mais tranqüilo.

Temos recebido muitas visitas.

Uma delas foi a presença de uma jovem que me explicava chamar-se Olivinha, e ser nossa prima. Foi um grande conforto.

Ela me recomendou pedir aí, sua bondade dizer à Tia Nancy, que ela vai muito bem, e que muito se preocupa pelo fato da Tia Nancy se sentir culpada no acidente, pelo qual veio ela, também, há tempos, para a Vida Espiritual.

Ela disse que ficará muito satisfeita e aliviada, se a tia Nancy esquecer esses pensamentos de culpa; que ela, a Tia Nancy, não tem, porquanto falou-me a nossa prima, que a Tia Nancy nem chegou a se encostar nela, no momento triste do acidente, que hoje sei representar num instante de balbúrdia que a gente não sabe definir.

Mãezinha Helena, não tenho esquecido a obrigação de rezar e confiar em Deus.

Sei que Jesus não nos abandona, e que devemos ter muita alegria em nossa muita dor, porque Jesus terminará suprimindo o sofrimento que nos fere por dentro do coração, aumentando a nossa alegria de aprender a confiar e esperar.

Envio muitas lembranças para Flávia e Daniela, e aquele abração ao Papai, onde estiver.

E para o seu querido coração, Mãezinha Helena, aqui lhe trago todo o coração do seu filho, sempre o seu filho que lhe pertence em nome de Jesus, sempre o seu Guto.

Wagner Augusto Alves de Souza.

MENSAGEM II

Querida Mãezinha Helena, hoje sou eu a manejar o lápis, no intuito de algo dizer que não posso guardar para mim somente.

É a alegria de vê-la em seu querido aniversário, amanhã, dia 6.

Penso que entraremos nessa comemoração, na passagem do dia de hoje para amanhã, a fim de que o nosso contentamento seja maior.

A sua presença é uma estrela saindo de casa para uma festa.

Creio que somente meu pai merecia tanto carinho de sua parte, e fico reconhecido e até orgulhoso por verificar que a senhora se preparou para fazer-me participante das alegrias do seu belo natalício.

Dia 6 de abril!

Para seu filho Guto, esse dia sempre se assemelhou ao dia de Natal, em nossa casa.

Estou feliz, podendo afirmar-lhe tudo que estou dizendo, diante de nossos amigos.

Para mim, chegou o aniversário da Mãezinha mais bondosa e mais linda do mundo!

E por isso estou feliz, rogando a Deus em minhas preces, com a vovó, para que a senhora e meu pai, com minhas irmãs, seja sempre felizes.

Peço-lhe, Mãezinha Helena, dizer a nossa querida Flávia, que estive presente em casa, a fim de abraçá-la pelo natalício, no dia 2 deste mês de abril, e peço-lhe dizer à Daniela, que recebi todos os bilhetes e cartas que ela me escreve, até mesmo quando escreve e rasga o papel, como se eu não pudesse ler.

Minhas irmãs são meninas que hei de amar sempre, formulando votos para que recebam do Céu o presente da saúde e da felicidade.

Querida Mãezinha Helena, ao papai Wagner, o meu abraço e, repetindo as minhas felicitações, estarei rearticulando ante os seus ouvidos a nossa ligeira canção do lar:

Feliz Aniversário,

Parabéns a Você

Nesta data querida

Muitas felicidades!

Muitos anos de vida!....

Todo o amor e as grandes saudades, com muito carinho, do seu filho sempre agradecido,

Guto

Wagner Augusto Alves de Souza

* * *

Guto – Wagner Augusto Alves de Souza Jr., filho de Wagner Jesus de Souza e de D. Helena Maria Queiroz de Souza, residentes em Frutal, à Rua Treze de Maio, 79, *fone:* 421-2071, nasceu a 17 de abril de 1974, tendo concluído a 4ª série do 1º Grau.

Mensagem I, recebida em 29 de junho de 1985.

Antes de relacionar os dados que colhemos nesta expressiva mensagem, transcrevamos alguns trechos, registrados pelo Autor Espiritual, quando ainda no mundo, num caderno de Ensino Religioso, da 4ª série, a partir da capa, caderno este fornecido por Tecidos Brasil, homenageando toda a classe estudantil de Frutal:

1 - TENHA FÉ! TENHA VONTADE!

SENHOR, ME PROTEJA!

2 - GUTO – quero ser um homem muito legal, sem desordem nesse mundo.

3 - Tu, pescador de outros lagos,

ânsia eterna de almas que esperam.

Bondoso amigo, que assim me chamas.

4 - *Festa do Papai*

Papai trabalha para o sustento da família, dirige as coisas e o patrimônio da família.

Os filhos devem colaborar para serem merecedores da confiança e bondade dos pais.

Este pai nos lembra outro Pai – Deus – Pai que cuida das coisas criadas, olha pela vida de todos os seres. Assim como um pai é para a família, Deus-Pai é presença e cuidado. É amizade, força, esperança e amizade.

5 - *Oração espontânea*

Pai Nosso que está no Céu e na Terra, obrigado por ter me dado vida e alegria. Aqui na Terra devo colaborar para ser merecedor da confiança e bondade dos pais. Eu agradeço, Senhor, por tudo que me dás. Obrigado, meu Pai da Terra e do Céu! (Esta mereceu *Parabéns!* da Professora).

6 - *O Reino dos Céus*

O Reino dos Céus é como uma rede jogada no mar.

E quando esta rede está cheia, os homens a arrastam pra fora, para falar o Cristo, nosso Salvador.

Procure amar todas as pessoas, com as quais você se encontra no seu pequeno mundo.

Ame a todos, mesmo aqueles que você nunca vai ver nesta vida.

7 - *Escreva o nome de algumas pessoas que você ama*

Deus, Meus Pais, Meus Avós, Meus Tios, Meus Professores, principalmente a minha querida professora

Tia Maria de Fátima, que desde o primeiro ano você me acompanha. Obrigado por tudo que você me fez!

(Também com *Parabéns!* da Professora.)

*

1 - *Tia Suely* – Suely Queiroz Assunção, tia materna.

*

2 - *Vovó Gegê* – D. Geralda Carvalho de Souza, avó paterna.

*

3 - *Flávia e Daniela* – Flávia Helena Queiroz Alves de Souza e Daniela Cristina Queiroz Alves de Souza, irmãs menores de Guto.

*

4 - *Didido* – Cf. o item 2 do Capítulo 1 e o Capítulo 2, acima.

*

5 - *Olivinha* – Olívia Barros Queiroz, nascida em Frutal, a 3 de outubro de 1963, e desencarnada em acidente automobilístico, em companhia dos pais e irmãos, no dia 25 de novembro de 1973, no mesmo trevo onde ocorreu o

desastre com os cinco jovens frutalenses. Prima em primeiro grau de Guto, lado materno.

*

6 - *Tia Nancy* – D. Nancy de Barros Queiroz, residente em Frutal, esposa do Sr. Jesus Queiroz, tio do comunicante.

* * *

Mensagem II, recebida em 5 de abril de 1986.

Importantíssimo o fato de o Espírito se alegrar com o aniversário de sua querida Mãezinha, a 6 de abril, um dia depois do recebimento da mensagem, fato esse absolutamente desconhecido pelo médium.

4

Nadinho

Vítor Leonardo Santana

DEUS SABE O QUE FAZ

Querido Papai Osmar e querida Mãezinha Elvira, peço a Jesus nos abençoe.

Hoje, pedi aos nossos orientadores para lhes escrever uma carta, mesmo pequena, que lhes fale de minhas enormes saudades.

Para isso, estou aproveitando a bondade dos amigos de Frutal.

Minha vontade seria tê-los perto de suas preces, mas reconheço que isso não lhes é fácil.

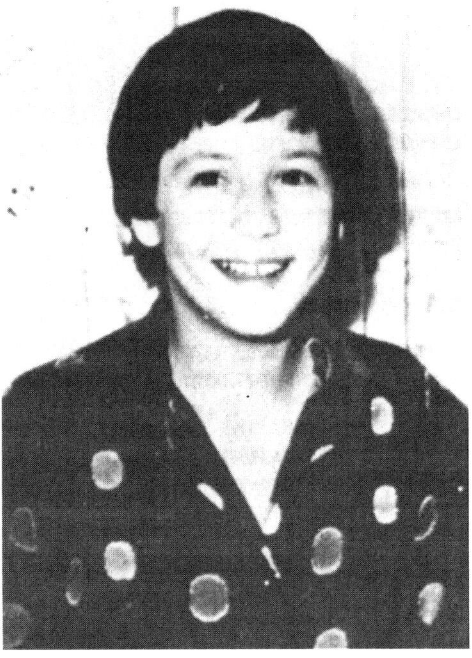

Vítor Leonardo Santana (Nadinho)

Vou ver o Papai Osmar no escri-

tório, e vejo-o, muitas vezes, a contabilizar tristeza e perguntas amargas, sem que eu possa responder, e, a busquei, Mãezinha Elvira, surpreendendo-a, como sempre, costurando saudades...

Felizmente, em família, estamos todos na melhor forma, e isso me reconforta.

Abraço a Cláudia, o Márcio, a Lílian e a Luciane, mas sei que não devo afundar a imaginação, porque se vejo os meus queridos irmãos, e eles não me podem ver, isso me apavora as saudades, e volto mais preocupado para o nosso recanto de serviço.

Pai, o que me chama a atenção em nosso querido lar, é aquele pedacinho de espaço em que eu procurava descansar, sentado no chão, com a cabeça recostada em seus joelhos.

Quando vou até a cadeira de sua preferência, sinto uma ansiedade muito grande, no íntimo, recordando o seu amor e a sua paciência, sustentando-me a cabeça para ver os programas de TV, de que nós dois líamos as notícias.

Tenho muita vontade de chorar, mas lembro-me de que o senhor não ficaria satisfeito em me ver enfraquecido.

Vou até a nossa casa, sempre que possível, com o vovô Juca e, por isso, não posso dar campo às tristezas, que o senhor me ensinou a esquecer.

Mãezinha Elvira, o que passamos, na vinda para cá, os meninos já contaram.

Rodrigo foi o primeiro a dar notícias e, por isso, não tenho novidades para contar.

O Romêro também já escreveu.

O Guto, que está aqui conosco, muito feliz com o abraço da vovó Dila, que ele tanto ama.

O Alexandre também escreveu; por isso, não quero ficar na retaguarda, e estou escrevendo ao senhor e à Mãezinha Elvira, para lhes dizer que as saudades estão igualmente comigo.

Vamos procurando seguir o que aprendemos em casa, mantendo serenidade e paz de espírito, mas as saudades transbordam, assim como acontece hoje, em que lhes escrevo.

Pai, não fique triste com Deus, pelo acidente que nos arrancou de nossa cidade para cá.

Deus sabe o que faz.

Eu penso que foi melhor suceder o que aconteceu, do que se nós tivéssemos de ficar aí, para mais tarde desgostar aos paizinhos, que tanto amamos.

A bondade de Deus sabe o que seria melhor, e resolveu chamar-nos para cá.

Mas percebo que trabalharemos, em breve, para cumprir os nossos deveres para com Deus.

O vovô Juca me explica muitas novidades, que ainda não sei entender; entretanto, querido Papai Osmar, estarei pronto para estudar apontamentos para fazer melhorar aquilo que esteja destinado para mim.

Sei que o senhor e a Mamãe Elvira estão muito tristes, e um procura ficar distante do outro, em nossa casa, para cada um chorar livremente, mas choro com os dois, e confio em Deus, que nos concederá a força de que estamos necessitados.

O vovô Juca me diz que todo problema reclama tempo para ser resolvido, e, assim, aguardo a vez de nossa conformação verdadeira.

Às meninas e ao Márcio envio muitas lembranças.

Para o querido Papai Osmar e para querida Mamãe Elvira, envio o coração muito saudoso do Nadinho, ao lado do vovô Juca, que me recomenda abraçá-los, em nome dele.

Deus nos proteja e nos fortaleça.

É a prece do filho que ainda traz o pensamento em casa, embora esteja vivendo no Plano Espiritual, sempre com muito carinho e gratidão, o filho reconhecido

Nadinho

Vítor Leonardo Santana

* * *

Filho do Sr. Osmar José de Santana, distinto Técnico em Contabilidade, e de D. Elvira Alves de Santana, residentes em Frutal, à Avenida Brasil, nº 29, *fone:* 421-2988, nasceu Nadinho – Vítor Leonardo Santana, a 13 de fevereiro de 1972, concluindo a 6ª série do 1º Grau.

1 - "Vou ver o Papai Osmar no escritório, e vejo-o, muitas vezes, a contabilizar tristeza e perguntas amargas, sem que eu possa responder, e, a busquei, Mãezinha Elvira, surpreendendo-a, como sempre, costurando saudades..." – Ao visitar o Grupo Espírita da Prece, pela primeira vez, em momento algum, o Sr. Osmar mencionou a sua profissão ao médium Xavier ou a qualquer outra pessoa no recinto. O endereço do seu Escritório de Contabilidade União é o seguinte: Praça Dr. Alcides de Paula Gomes, nº 5, Frutal, MG, CEP 38200.

*

2 - *Cláudia, Márcio, Lílian e Luciane* – Cláudia Santana; Márcio Expedito Santana; Lílian Alves de Santana e Luciane Santana, irmãos. Cláudia se casou no dia 15 de

março de 1986, treze meses após a desencarnação de Nadinho.

*

3 - *Vovô Juca* – Sr. Osório José de Santana – Sr. Juca –, avô paterno.

*

4 - *Rodrigo, Romêro, Guto e Alexandre* – Cf., respectivamente, os Capítulos 2, 5, 3, e 1 deste volume.

*

5 - *Vovó Dila* – D. Silvandira Menezes de Queiroz, avó materna, residente em Frutal, esposa do Sr. Alfredo de Queiroz, desencarnado a 21 de outubro de 1986.

Segundo fomos informados, após o recebimento da mensagem de Guto – Wagner Augusto Alves de Souza –, Capítulo 3, acima, ao final da reunião pública do Grupo Espírita da Prece, na noite de 29 de junho de 1985, Chico Xavier disse à D. Helena:

– Wagner Augusto está me dizendo: "Chico, eu peço à minha Mãe dar o meu abraço em Vovó Dila!"

* * *

Rogando ao genitor para que não fique triste com Deus, pelo acidente que o arrancou, juntamente com os outros quatro amigos, da arena física para o Plano Espiritual, afirmando que Deus sabe o que faz, esforça-se por justificar a sábia resolução da Divina Providência:

"Eu penso que foi melhor suceder o que aconteceu, do que se nós tivéssemos de ficar aí, para mais tarde desgostar aos paizinhos que tanto amamos."

5

Romêro
Romêro Junqueira Alves de Souza

MENSAGEM I

Querido Papai e querida Mãezinha Nilda, isto aqui não é mensagem e sim coração falando no papel, a fim de saudar meu pai pelo querido aniversário, no dia 18 próximo, e o feliz aniversário do vovô Homero, que transcorre no dia 20 deste mês de novembro, e as nossas festas.

Não as modifiquem.

Queremos muitas flores e muita música para os aniversariantes queridos.

Dinheiro não temos para essas encomendas, mas a Mãezinha Nilda fará isso por nós, desembolsando o que for necessário.

Mãezinha Nilda, muito grato ao seu devotamento de mãe, que nos garante o equilíbrio e a alegria em casa.

Um abração ao Leonardo, o irmão amigo que aí ficou a representar-nos, e muitas lembranças para a nossa Luciene, a nossa Neguinha, cuja lealdade à nossa casa é um livro de bênçãos.

Os companheiros amigos abraçam os familiares que-

ridos, e com o meu abraço de filho muito grato ao papai, à Mãezinha Nilda, ao Leonardo e Luciene, aqui termino com aquele beijão de filhote grande, que não deixou de ser a criança da nossa casa,

Romêro

* * *

MENSAGEM II

Homenagem

Conheço um homem que se esqueceu de sua própria juventude para que os seus filhos se destacassem na fina flor da mocidade do mundo; que nunca ergueu a voz em casa, incomodando a abençoada companheira que Deus lhe concedeu por esposa devotada e companheira de todos os dias; que, embora cansado pelo exaustivo trabalho de cada dia, jamais deixou que a esposa se levantasse pela madrugada, a fim de atender aos filhinhos doentes, dos quais sempre se fez o vigilante enfermeiro; que apesar de trazer a cabeça preocupada com negócios e iniciativas do homem de bem, sempre encontrou tempo bastante para jogar bola ou medir forças com os seus pequerruchos; que sabendo de travessuras desagradáveis de seus rapazes, jamais lhes feriu o brio com repreensões ou palavras agressivas, porque o diálogo amigo foi sempre a base de seu intercâmbio com os filhos que o adoram; que estudando os orçamentos domésticos e pesando valores e conveniências, preferisse usar roupa humilde, conquanto digna, para que seus rapazes se apresentassem nos grupos sociais na melhor forma; que podendo sustar os caprichos dos seus meninos através da contensão de despesas, resolvesse não negar-lhes o carro de passeio ou destinado aos estudos, preferindo, muitas vezes, vencer longas distâncias a pé; que informado quanto às despesas enormes dos seus rapazes, não se recusasse a pagar-lhes os compromissos; que ofendido por alguém, soubesse perdoar; que afrontado por prejuízos, cuja procedência conhecia suficientemente para as justas reclamações, não olvidasse a amizade e não deixasse de sofrer desvantagens para ser sempre o amigo de seus amigos; que fatigado pelas tarefas referentes ao seu mundo particular de serviço, nunca negasse presença aos filhos queridos nesse ou naquele evento festivo que se representasse união e bênção para a sua família; que doente, não se recusasse a agir no cumprimento dos deveres assumidos e que, um dia, depois de consagrar a sua existência aos seus queridos rapazes, de inesperado, encontrou dois deles esmagados, junto de amigos que lhes eram companheiros de coração e nada tivesse contra Deus e contra a vida.

Conheço esse homem que abraçando os filhos mortos, apenas clamou, em lágrimas: Deus que no-los deu, pediu de volta os nossos Tesouros! Louvado seja Deus!

Conheço a felicidade de conhecer esse pai e amigo que nunca se marginalizou em aventuras que lhe desprestigiassem o lar!

Esse homem é meu pai.

Romêro Junqueira Alves de Souza

* * *

MENSAGEM III

Querido Papai José Marco, Deus nos abençoe a todos.

Falo aqui nestas linhas pobres, em nosso nome.

O Didido, o Guto, o Nadinho e o Alexandre estão aqui, em minha companhia, ou melhor, eu estou na companhia deles, e todos nós nos rejubilamos com os nossos primeiros 365 dias de libertação da vida física, a se complementarem no próximo dia 3 de fevereiro corrente.

365 dias que nos transformaram a todos.

Ignorávamos que a carreta que nos esmagou a forma dos cinco, no carro que não conseguimos dominar, viesse a ser um fator de tantos benefícios.

Nossos lares passaram a compartilhar das provações dos lares desprotegidos.

Nossos assuntos se elevaram.

Nossas festas de aniversário foram reduzidas à expressão do que deveriam ter sido, com a ausência dos frascos de alto preço, para que a nossa economia se fortalecesse para o socorro aos mais fracos.

Passamos a visitar lugares de dor e necessidade, que antes da famosa carreta não nos interessavam tanto.

Com isso não quero dizer que as carretas do mundo devam sair por aí furtando a vida dos outros, mas, sim, observo a modificação benéfica de nossos hábitos, sob a influência da desencarnação.

Saímos daquele acidente, os cinco amigos, à maneira de cinco mensagens de esperança, embora sofrêssemos o rigor da separação imprevista.

Encontramos em nós mesmos não apenas outros corpos – os nossos corpos espirituais –, mas também a possibilidade de nos reaproximarmos de nossos pais e irmãos queridos, com a finalidade de constituirmos um grupo social diferente.

Um grupo familiar que aprendeu a não desperdiçar para ter o necessário ao campo daqueles que sofrem problemas muito maiores do que os nossos, e começamos o nosso maior esforço na fundação de nossa Nave da Saudade que, na essência, é uma nave do amor que Jesus nos ensinou.

Conseguimos dividir o nosso pão com os doentes e velhinhos, com as mães aflitas e com as crianças subnutridas e, com isso, atraímos a cooperação de tantos amigos que, atualmente, em Frutal, nos estendem as mãos, enriquecendo-nos de recursos que, somados às nossas pequenas possibilidades, se fazem uma fortuna de bênçãos.

Em verdade, e digo isso com alegria, nós, os cinco amigos, não nos doutoramos, qual era o nosso desejo, e a nossa melhor aspiração a fim de sermos profissionais liberais de que os nossos pais e as nossas mãezinhas se orgulhassem, mas em companhia desses mesmos pais queridos, nos transformamos em servidores das mesas, onde se alimentam os tutelados de Cristo, cujas preces de agradecimento nos envolvem de bênçãos e alegria intransferíveis.

A dor de fevereiro passou a ser a nossa esperança de fevereiro entrante.

Estamos felizes pelo ensejo de sermos úteis, e estamos aprendendo a transformar as saudades em aulas de solidariedade humana.

Noto que a seiva das árvores lhes prepara os frutos,

e que o sangue de nossas mães queridas, em nosso nascimento no mundo físico, se transforma em leite de que as nossas forças se nutrem para crescermos valentes e contentes.

E, agora, reconheço que as nossas lágrimas se fizeram pães, destinados aos companheiros do mundo, que a carência persegue, e em pratos de alimentos, que devolvem a saúde aos tristes e desalentados, aos filhos da necessidade, e aos irmãos de ninguém, aos quais Jesus prometeu assistência e carinho.

"Não vos deixarei órfãos" – disse-lhes Jesus, um dia, pois nós acreditamos que, com a bênção do Cristo, seguiremos para adiante, diminuindo o sofrimento onde o sofrimento esteja aniquilando esperanças preciosas.

Papai José Marco, diga aos nossos amigos e às nossas mães, que estamos felizes e, para nós, qual disse certa vez o Apóstolo São Paulo, "a morte foi tragada na vitória".

Parabéns à nossa querida Nave e que Jesus nos proteja.

Sempre seu filho e companheiro de fé viva em Deus,

Romêro

* * *

Romêro Junqueira Alves de Souza, irmão de Didido – Rodrigo Junqueira Alves de Souza, autor do Capítulo 2, e primo em segundo grau de Guto – Wagner Augusto Alves de Souza, autor do Capítulo 3, acima, nasceu em Frutal, a 18 de fevereiro de 1972, tendo concluído a 6ª série do 1º Grau.

Mensagem I

1 - "Querido Papai e querida Mãezinha Nilda, isto aqui não é mensagem e sim o coração falando no papel, a fim de saudar meu pai pelo querido aniversário, no dia 18 próximo, e o feliz aniversário do vovô Homero, que transcorre no dia 20 deste mês de novembro, e as nossas festas." – Eis, leitor amigo, outra prova de autenticidade mediúnica, uma vez que o Dr. José Marco Alves de Souza e D. Nilda de Lourdes Junqueira de Souza, genitora do comunicante, não se referiram ao aniversário dele, Dr. José Marco, no próximo dia 18, e nem ao do Sr. Homero Alves de Souza – Vovô Homero, ilustre industrial frutalense (*fone*: 421-2414) –, no dia 20 de novembro, com o médium Chico Xavier ou qualquer outra pessoa, presente à reunião do Grupo Espírita da Prece daquela memorável noite.

*

2 - *Leonardo e Luciene, a nossa Neguinha* – Cf. o item 14 do Capítulo 2, acima.

* * *

Mensagem II

Como podemos observar, "Homenagem" é uma autêntica obra-prima da literatura mediúnica, que bem demonstra o alto nível de evolução do seu jovem Autor Espiritual, psicografada na noite de 10 de agosto de 1985.

* * *

Mensagem III

Belíssima página que vem nos lembrar, mais uma vez, de que "Fora da Caridade não há Salvação" e de que há necessidade do Trabalho, da Solidariedade e da Tolerância, a fim de que não seja preciso que se reencarne um Espírito com dívida cármica relacionada com a morte violenta, em plena mocidade, em nossos núcleos familiares, na condição de filho para nos levar, através do sofrimento ocasionado pela aparente perda da presença física do ente amado, à prática efetiva do bem.

Que todos nós possamos, espontaneamente, nos empenhar no socorro físico e moral às criaturas que nos cercam, com vistas a que, caso haja algum Espírito com uma programação daquela natureza, com a prática da caridade legítima, venha ele a receber a devida moratória da Vida Mais Alta para procrastinar a sua permanência na Terra, por se transformar num seguidor dos passos do Divino Mestre.

Pensemos bem nisso, leitor amigo, e prossigamos confiantes na Misericórdia de Deus, trabalhando até o limite das nossas forças, perdoando setenta vezes sete a todos aqueles que nos ofenderam, consciente ou inconscientemente.

SEGUNDA PARTE

NOVOS AMIGOS QUE CHEGAM

6

Antônio Carlos Nunes

"TANTAS LUTAS PASSARAM!"

Querida mãezinha Sinhá, estou aqui para beijar-lhe as mãos e as mãos do meu querido papai Antônio, pedindo a Deus nos fortaleça e abençoe a todos.

Mamãe Sinhá, minha querida Dona Sinharinha, tudo vai clareando para seu filho.

Depois da tempestade, a bonança aparece em nome de Deus.

Tenho comigo na memória os irmãos queridos e todos os meus familiares, e espero conquistar novas energias para servir ou ser útil a todos.

Antônio Carlos Nunes

Tantas lutas passaram!

E a desencarnação chegou, de improviso, estabelecendo tantas mudanças...

Lembro-me da nossa querida Magra, e faço votos para que ela esteja animada e bem disposta, ao lado de nossa querida Beatriz.

Aqui, mais do que antes, vejo que a filhinha é um tesouro, e espero a felicidade de auxiliá-la a construir a felicidade que lhe desejamos.

Faço votos para que o Carlos Alberto esteja contente na companhia de Vera Lúcia e das pequenas sobrinhas Luciana e Carla.

Peço-lhe, mãezinha Sinhá, amparar, tanto quanto se lhe faça possível, a nossa querida Luciana, que noto não muito ajustada à vida diária.

O Carlos Alberto despertará para o problema da filhinha, abençoando-a e ajudando-a a vencer.

Deixo ao papai e a todos os nossos, as minhas lembranças, rogando-lhe receber o carinho imenso de seu filho, sempre o seu filho do coração,

Antônio Carlos Nunes

***

Publicada, inicialmente, no jornal *Alavanca,* de Campinas, Estado de São Paulo, e transcrita no *Tribuna Espírita* (Ano V – João Pessoa, Paraíba, Brasil – Mai/Jun/87 – nº 35), sob o título “A Vida Continua”, eis o que conseguimos trasladar para este nosso volume:

"Antonio Nunes, dedicado servidor do Instituto Fraternal de Laborterapia, que trabalha pela recuperação dos alcoólatras e aqui em Campinas mantém sua sede na Instituição Assistencial Dias da Cruz, Rua João Rodrigues Serra, nº 451, Jardim Eulina, Fone 41-9393.

Esteve em Uberaba, onde, na noite de 6-6-1986, no Grupo Espírita da Prece, pela mediunidade de Francisco Cândido Xavier, recebeu mensagem de seu filho Antônio Carlos, desencarnado há dois anos.

Como fatos assim servem para consolar e esperançar outras pessoas que sofrem com a ausência de seus entes queridos, e porque Antônio Carlos era entre nós conhecido e estimado, seus pais nos confiaram cópia da mensagem que endereçou aos seus familiares, para que a transcrevamos em benefício dos que nos lêem."

Foram as seguintes a legenda da foto e as notas elucidativas:

"Nascido em Barretos-SP, a 25.4.1947 – Desencarnou em Vila Santa Luzia, Município de Ourém-PA, Km 212, BR-316 da PA-MA, entre Gurupi e Capanema - PA, onde estava a serviço, no dia 10.4.1984, aos 37 anos de idade, vítima de acidente de automóvel.

(1) Sinhá ou Sinharinha (Maria das Dores Ferreira Nunes) e Antônio (Antônio Nunes), seus pais, residentes à Rua Tiradentes, nº 1133, Fone (0192) 2-1307, Cep. 13023-191, Campinas,SP.

(2) Magra (Edna Thereza de Figueiredo Nunes), sua esposa, e Beatriz, sua filha (única), com 6 anos de idade.

(3) Carlos Alberto (Carlos Alberto Nunes), seu irmão (único) mais moço; Vera Lúcia (Vera Lúcia Stephan Nunes),

esposa de Carlos Alberto; Luciana e Carla, suas filhas menores."

* * *

Que possamos todos nós, prezado leitor, ao final de cada dia de luta redentora neste mundo, após as orações habituais, repetir estas palavras do Espírito de Antônio Carlos Nunes:

"espero conquistar novas energias para servir ou ser útil a todos."

7

Carlos Normando de Assis

"TUDO ESTÁ CERTO NAS RESOLUÇÕES DA PROVIDÊNCIA DIVINA"

Querida esposa Fernanda e querida Mamãe Antônia, estou presente, mentalizando a imagem de meu pai e dos filhinhos ausentes, para alegrarmos, todos juntos, a data do nosso reencontro.

Carlos Normando de Assis

Estou, assim, abilolado de vê-las aqui, pensando em mim.

Estou em dificuldades para escrever, transmitindo-lhes as minhas notícias, porque eu nunca poderia pensar que sairiam da nossa Paraíba distante, a fim de recolherem alguns traços de minha presença.

Admiro-lhes a coragem, vindo de Pombal até aqui, arquitetando a possibilidade de me recolherem as palavras.

Mamãe Antônia, abençoe-me e continue pedindo a Jesus por seu filho.

A nossa Fernanda, que estava em minha companhia no acidente de que fomos vítimas, está qual eu mesmo, sem palavras para descrever o acontecimento.

Lembro-me apenas de que um corpo pesado me alcançou a cabeça, e desmaiei.

Mais nada.

Tenho a convicção de que a Bondade de Deus cobre a desencarnação com muitos agentes da Natureza, que resultam no esquecimento em que somos mergulhados, para não acrescentar sofrimentos maiores ao sofrimento de demissão da vida física a que somos obrigados.

Querida Fernanda, agradeço a coragem e a paciência.

Compreendo as expectativas amargas a que você se viu repentinamente exposta.

Os meses últimos provaram, porém, que você está apta a conduzir o nosso filho para a existência de homens prestativos e honestos, que nós ambos lhe desejamos.

Fui amparado pela vó Noí Medeiros; pelo menos é assim que ela me solicita chamá-la em quaisquer circunstâncias.

E quanto se me faça possível, estarei com ela, coope-

rando com você e com meus pais, a Mamãe Antônia e o papai Medeiros, de modo a que tudo se processe em paz, no ambiente do nosso ninho doméstico.

Todos os três Carlos serão convenientemente amparados: Carlos Agripino, Carlos José e Carlos Fernando.

Não têm obstáculos e provações.

Deus promove alimentos em favor dos passarinhos, por que deixaria meus filhos órfãos de socorro?

Recordo a nossa união com lágrimas a me caírem dos olhos.

Eu que me habituara a guiar o volante, quando necessário, em todo aquele mundo, de Pombal a João Pessoa, desde as cidades do sertão às grandes cidades do litoral, acostumado a viajar sem qualquer preocupação, fui encontrar a morte juntamente em sua companhia, sem possibilidade de estender-lhe proteção.

Aprendemos, no entanto, com a fé, que tudo está certo nas resoluções da Providência Divina, e peço-lhe não esmorecer.

Observe a Mamãe Antônia, enfibrada no valor que lhe conhecemos, e sigamos em frente, com a certeza de que Jesus não nos abandonará.

Envio muito amor aos meus filhos queridos, que espero venham a crescer no clima de bons exemplos, estudando quanto possível e, ao mesmo tempo, trabalhando sempre, a fim de que aprendam a viver para o bem.

Querida Mamãe e querida Fernanda, aqui vou terminar; não posso abusar dos amigos, que nos recebem aqui com tanta generosidade.

Lembre-se de que estou vivo para amá-las e ser-lhes útil cada vez mais.

Mãe querida, para o seu coração amoroso e para o coração de nossa Fernanda, sempre voltados para o bem de nós todos, beijo-as com muita saudade e carinho, dedicação e reconhecimento.

O filho e esposo que não as esquece e que continuará vivendo para resgatar a dívida de amor que lhes deve, sempre o filho e esposo muito grato,

Carlos Normando de Assis

Uberaba, 17/01/1987.

* * *

Do jornal *Tribuna Espírita* (Ano VI – João Pessoa, Paraíba, Brasil – Jan/Fev/87 – Nº 33), sob o título "Bancário Paraibano que 'morreu' envia Mensagem", transcrevamos para estas páginas os seguintes apontamentos, a propósito da missiva mediúnica sob nossa análise:

"Carlos Normando de Assis, brasileiro, casado, nasceu em Catingueira, cidade da Paraíba, no dia 23/07/1950. Ocupava a gerência do Banco do Brasil S.A., em Pombal, no sertão paraibano, onde desempenhava com responsabilidade as suas funções, sendo muito estimado pelos seus colegas e amigos. Tinha, em Fernanda Rocha, a dona de seu lar e mãe extremosa do seu terceiro filho. Dois outros são do seu primeiro casamento. O casal muito jovem, principalmente ela, tinha em mente os seus planos para o futuro e a felicidade do filho pequeno. Nos seus dias de folga, Carlos Normando gostava de viajar, em seu automóvel, acompanhado da família a outras cidades; mas, aconteceu que, no dia 13 de setembro de 1986, num sábado, à tarde, quando empreendia um desses passeios, com destino à cidade de Patos (PB), em companhia da mulher e do filho caçula, Carlos Fernando, de um ano e meio de idade, após haver percorrido 3km do percurso, numa estrada que bem conhecia, asfaltada e sinalizada, num trecho em descida reta, perde a direção e o transporte desgovernado é jogado para fora do caminho, num despenhadeiro, de 40 metros de profundidade.

Foi um acidente doloroso. Logo no impacto da primeira virada, D. Fernanda e o filhinho foram lançados fora, e Carlos Normando, no segundo lance, foi também projetado do veículo, tendo morte instantânea. Mãe e filho apresentaram leves escoriações tendo, apenas, a primeira uma costela fraturada; tudo sem maior gravidade.

D. Fernanda ficou muito abalada com o quadro chocante do desastre e da morte violenta do companheiro. Viu, assim, desfeitos todos os sonhos dourados formulados por eles para o futuro da família; porém, como tinha adquirido certa noção acerca do Espiritismo – que demonstra, na teoria e na prática que a vida continua depois da morte, não fraquejou. Bem amparada, por parentes que professam esta Doutrina, foi levada ao Centro Espírita Leopoldo Cirne, localizado no Jardim 13 de Maio (Rua Prefeito José de Carvalho, 179), nesta Capital, encontrando ali muita ajuda espiritual para ela e para o espírito desencarnado do seu marido.

Em parte, já refeita do grande abalo sofrido, viajou a Brasília (DF), à casa da sogra, Dona Antônia de Oliveira Assis; lá, sentindo como uma inspiração, convidou aquela senhora para irem até Uberaba, (MG), a fim de se encontrarem com Chico Xavier, buscando maior conforto. Tiveram a felicidade de encontrar o grande e bondoso médium, na ocasião em que realizava uma das suas costumeiras reuniões "à sombra do abacateiro", onde fornece alimentos, do corpo e da alma, a inúmeras pessoas necessitadas. É tanta gente a querer falar com Chico, que às vezes torna-se inconveniente e impossível aproximar-se dele. Contudo, ela conseguiu e entregou um envelope com o retrato do marido, que ele só teve tempo de colocar no bolso sem olhar, da maneira como fazia com outros papéis. Muita gente dizia que era muito difícil uma resposta, com todos querendo a mesma coisa. Dona Fernanda, novamente, não se deu por vencida, até que chegou a falar de novo, lembrando:

"– Irmão Francisco, eu entreguei o retrato do meu marido e o Senhor colocou no bolso, não vá esquecer..."

"– Ah, minha filha, não é o neto de Dona Noí? Espere mais tarde, deixe ver se o telefone toca de "lá" para cá...", respondeu com aquela entonação de sempre, cordial e fraterna.

Ela ficou sem saber quem era a pessoa a quem ele se referiu, e, somente quanto voltou para junto da sogra, Dona Antônia, foi que ficou sabendo que Dona Noí, era a avó paterna do "morto". Finalmente, à noite, na reunião pública de 17/01/87, no Grupo Espírita da Prece, Francisco Cândido Xavier, autor de quase 300 livros, muitos dos quais traduzidos para vários idiomas, recebe através da mediunidade psicográfica, várias mensagens endereçadas às pessoas presentes, como há muitos anos vem fazendo, e, entre elas, a segunda veio assinada por Carlos Normando de Assis, para sua companheira, sua mãe e seus filhos queridos, que é a seguinte:..."

Depois de transcrita a "Mensagem do 'Morto' ", eis as "Notas de esclarecimento:

Carlos Normando de Assis – ex-gerente do Banco do Brasil em Pombal (PB), desencarnado em desastre automobilístico, no dia 13/9/1986.

Fernanda Rocha – esposa, atualmente residente à Av. Epitácio Pessoa, 4648 - Apto. 103 - Edifício Marcella - Bairro Cabo Branco - João Pessoa, PB.

José Medeiros – seu pai.

Antônia de Oliveira Assis – sua mãe.

Noí Medeiros – Avó paterna, desencarnada em 18/01/1928.

Citou os três filhos, pelos nomes e pela ordem decrescente de idades.

O médium não sabia que Carlos Normando desencarnara no acidente de carro, que D. Fernanda estava com ele na hora, e o fato ocorreu na estrada de Pombal (PB). Também que a vítima às vezes gostava de dizer que estava "abilolado", como força de expressão .

Agora quem agradece, é dona Antônia Medeiros, com uma curta e bem sentida prece:

"– Divino Mestre, nós te agradecemos.

Ao querido Chico Xavier, exemplo de humildade e resignação, carinho e amor, nossos eternos agradecimentos por termos recebido esta mensagem, através de suas mãos abençoadas. Deus o abençoe.

Normando (meu filho), que Jesus, o Divino Mestre, o abençoe e ilumine, para que possa continuar despertando-nos a consciência e o coração para a Vida Maior."

8

Emídio Manuel Pereira de Araújo

CAMINHO DE LIBERTAÇÃO

Querida tia Edna, mãezinha pelo coração, estou passando melhor.

Sei quanto vem sofrendo com o nosso adeus involuntário.

Não queira mal aos companheiros que me ofereciam lealdade e interesse pela vida.

Basta-nos, tia Edna, a saudade em que vivemos presentemente, esperando que o tempo volte atrás, embora saibamos que isso não pode acontecer.

Estou internado num Parque Hospital de Recuperação Espiritual, e já consigo suportar muitas horas sem os remédios de cuja aplicação não estive muito certo.

Deus me auxiliará para que lhe dê pelo menos uma fatia de felicidade, neste seu caminho em que me fez viver.

Peço-lhe não chore mais com desconsolo e creia que a Divina Providência traça um caminho de libertação para os seus tutelados, que somos nós, todos os filhos do Céu na Terra.

A vovó Escolástica, o vovô Emídio e o vovô Manuel são

aqui verdadeiros pais para mim, e tenho esperança de que em breve estarei em plena sanidade espiritual.

Querida tia e mãe pelo coração, minha querida tia Edna, com o seu coração generoso e bom continua palpitando o coração do seu sobrinho e filho espiritual,

Emídio

Emídio Manuel

* * *

Emídio Manuel Pereira de Araújo nasceu e desencarnou em Salvador, Bahia, respectivamente, a 24 de setembro de 1960 e 14 de maio de 1982.

Sobre a mensagem que titulamos "Caminho da Libertação", recebida a 4 de fevereiro de 1983, ouçamos o que nos tem a dizer a Sra. Edna Pereira, tia-mãezinha pelo coração do comunicante, no folheto organizado por ela, com o Prefácio: "Tua infância foi a nossa alegria e tua vida a nossa esperança / Rita – mãe / Edna – tia-mãe", a mensagem e a foto do filho, além dos esclarecimentos sobre os nomes citados na referida página mediúnica:

"Meu encontro com Francisco Xavier

Vi Francisco Cândido Xavier, pela primeira vez, no dia 4 de fevereiro de 1983, às 16 horas, no Grupo Espírita da Prece, em Uberaba, Minas Gerais.

Naquele momento, eu me enchia de amor-ternura por ele.

Tinha eu a expressão da dor – da dor mais doída, a

que se manifesta com a vontade de rasgar a alma e de torcer o coração.

Meus cabelos estavam desgrenhados.

Tinha as lágrimas volumosas que não obedeciam ao comando das mãos que, em vão, iam à face, tentando sufocá-las.

Via tudo embaçado, meus olhos molhados me impediam enxergar com brilho.

Era, pois, a tristeza maior incontida, que me absorvia e me fazia brotar o pranto, o mais pranteado.

Meu pranto parecia juntar-se a todos os prantos deste mundo.

Foi, então, chegada a minha vez de falar com Chico. (....)

Agora, era então Chico que me perguntava:

– E o padrasto?

Foi deveras impressionante esta pergunta. Qual seria, meu Deus, o veículo informativo, se ali ninguém me conhecia e eu estava sozinha?

Quando me preparava para lhe dar o nome do meu cunhado, ele arrematou, passando, agora, a informar sem pausa, expressando convicção:

– Ele está bem. Está com bons mentores. Está com o avô Emídio (meu pai, que surpresa!) Está também com o avô Manuel, Rafael, Ana e Rita – fazendo aí uma ressalva – mas esta Rita não é a mãe dele.

Respondi desconhecer.

Calmamente, solicitou que eu me informasse na família.

O diálogo encerrou aí e deixei o recinto trôpega, atônita, pois, era tudo surpreendente; era também o meu despertar para a realidade do Espiritismo. Agora, já não me restava dúvida: eu tinha a certeza plena, pleníssima de que meu Emídio Manuel, meu Niel, estava vivo, mas, numa outra dimensão.

Deixei o Grupo Espírita da Prece, e lá regressei às 18:30 horas, pois agasalhava a esperança de receber uma carta. Ignorava, no entanto, que ali iria ver o registro da minha vó, que era bonita e boa, mas eu nunca pronunciava seu nome, já que achava Escolástica um nome muito feio.

O portão estava agora aberto para um grande público e quase todos, assim como eu, esperavam receber uma carta do Além e sabiam também que a estimativa era de 6 a 8 cartas que saem pela madrugada de cada sexta-feira. Os médiuns, em volta de uma mesa comprida, faziam palestras, no silêncio daquela massa comprimida; mais tarde, Chico apareceu, tomando lugar próximo à cabeceira da mesa, encerrando, assim, as palestras. Com um fundo musical, ele escrevia, ininterruptamente.

Creio que durou duas horas o trabalho psicográfico e, concluído, passamos a ouvir a leitura das cartas, acompanhadas dos choros sentidos dos familiares.

Fui a última a receber. Eram, então, 4 horas da madrugada e com o coração torcido pela dor, ouvi a leitura feita por Chico, era a mais linda, a mais confortadora, a mais desejada carta até então por mim recebida.

Obrigada, meu Deus! Não sei como mereci tanto!

Obrigada, meus Irmãos Invisíveis, Deus lhes pague!

Obrigada, Francisco Cândido Xavier, mil vezes obrigada!

Obrigada, Emídio Manuel, meu Niel, meu querido! Você sempre foi muito bom. (....)

Esclarecimentos

Emídio, avô materno – 33 anos de desencarnado.

Manuel, avô paterno – 58 anos de desencarnado.

Escolástica, bisavó materna – 45 anos de desencarnada.

Recebi da família estas informações:

Ana, tia-bisavó materna, e Rita, escrava da família, ambas falecidas no início deste século.

Ao Dr. Romualdo Monteiro de Castro, Sr. Armando Silveira e ao Militar Aparecido – desculpe-me por ter esquecido o seu sobrenome – registro a minha gratidão.

Edna Pereira."

9

Israel Ovídio Nogueira Júnior

NOIVO DE RETORNO

Querida Maria Amélia e querida Valéria, ainda estou aparvalhado com o caráter fulminante da virose que me despojou do corpo físico.

Sou trazido até aqui por minha avó Amélia, que foi a Mãezinha da nossa vovó Amélia, que veio para a vida espiritual em circunstâncias tão trágicas.

Acordar nestes reinos diferentes de tudo o que se conhece, casualmente, no mundo, para mim foi um assombro que não sei classificar.

A bondade familiar está aqui onde me vejo agora, tanto quanto está aí em nossos caminhos da Terra.

Israel Ovídio Nogueira Júnior

Tenho um mundo de impressões na cabeça, que não consigo exteriorizar.

As surpresas se conden-

sam, de modo que não me sobram recursos para decifrá-las.

Apesar disso, peço-lhes dizer ao papai Israel e à Mãezinha Míriam, que a vovó Amélia não é tratada onde nos achamos, à maneira de alguém que houvesse cortado voluntariamente o fio da existência, mas sim na condição de vítima da esclerose, subitamente agravada por fobias que a induziram a esquecer-se, do ponto de vista de condução da própria vontade; não me conheceu ao ver-me, no parque de tratamento a que foi conduzida.

Fala ainda em dinheiro, como se estivesse totalmente desvalida; entretanto, não sabe claramente o que diz; no entanto, no estado de amnésia em que se encontra, não perde a vocação da prece e, quando conversa, chora, falando em Jesus.

Rogo à Mãezinha Míriam não se impressionar com o sucedido à vovó Amélia, porque os amigos aqui nos informam de que tudo foi feito em vão por auxiliá-la no último transe da vontade enferma e inábil para se conduzir.

Rogo à nossa querida Valéria me perdoe se não pude cumprir os meus votos.

Parece que a morte do corpo está revestida de poder, a fim de fazer o que deve, sem cogitar de nossos interesses e inquietações.

Conquanto o avanço rápido da virose que me exterminou o equilíbrio orgânico, não perdia a lucidez e, a cada instante, recordava quanto devia à nossa Valéria em amor e generosidade.

Agora, Maria Amélia, você e Ana Amélia, irmãs que vivem por dentro de minha própria alma, me auxiliem a pedir a Jesus faça a nossa Valéria tão feliz, quanto desejei, com a impossibilidade de fazê-lo. A nossa querida Valéria será feliz, assim espero.

Peço-lhes não cogitarem do processo fulminante da virose que me impôs o término das forças físicas.

A desencarnação deve possuir mil braços para atingir a tanta gente de uma vez.

Vocês, queridas irmãs, auxiliem igualmente ao papai Israel e à Mãezinha, rudemente agredidos pelas provações dos tempos últimos.

Quando pensarem na vovó Amélia, ainda que por minutos breves, enviem a ela pensamentos de paz e amor.

Isso lhe fará remédio salutar.

Querida Valéria, meus queridos pais e queridas irmãs, recebam as saudades e o carinho de todos os meus dias de agora, com todo o amor de que se sente capaz de sentir, do filho, irmão e noivo do coração,

Israel Ovídio Nogueira Júnior

* * *

Israel Ovídio Nogueira Júnior nasceu em Uberaba, Minas, a 14 de junho de 1954, desencarnando em Cuiabá, Mato Grosso do Sul, a 9 de setembro de 1986, filho do Sr. Israel Ovídio Nogueira e de D. Míriam Magalhães Nogueira, residentes à Avenida Leopoldino de Oliveira, 59, apartamento 1701, *fone:* 332-3472.

Era fazendeiro, tendo exercido as suas atividades na Barra do Bugre, MT, por quatorze anos, antes de se transferir para o local, onde veio a desencarnar.

Sobre a mensagem psicografada, na noite de 27 de dezembro de 1986, eis o que conseguimos apurar, entrevistando a noiva do comunicante, Srta. Valéria Minas de Assunção, residente em Uberaba, à Rua Tristão de Castro, 78, *fone:* 333-1887:

1 - *Maria Amélia* – D. Maria Amélia Nogueira Castro Cunha, irmã.

*

2 - *"Minha avó Amélia"* – D. Amélia Borges, bisavó materna.

*

3 - *"Nossa vovó Amélia"* – D. Maria Amélia Teixeira Borges, avó materna, desencarnada a 18 de março de 1986, em conseqüência de suicídio, em Uberaba.

*

4 - *Ana Amélia* – D. Ana Amélia Nogueira Derenusson, irmã, residente em Uberaba.

* * *

Dignos de nota na mensagem sob nosso enfoque:

1 - a ênfase dada à fulminante virose que despojou o Autor Espiritual de seu corpo físico, anulando-lhe os planos de casamento;

2 - o processo de tratamento dado à sua avó Amélia,

constituindo-se num caso de suicídio com atenuante, devido à arteriosclerose de que ela fora vítima, propiciando-lhe o exagero de preocupação com o índice inflacionário do nosso País e com os sucessivos "pacotes econômicos", lançados pelo Governo. A Misericórdia Divina, considerando a devastação física que sofrera a pretensa suicida, prestou-lhe o socorro necessário, deixando-a prosseguir na perturbação temporária a que se precipitou, por invigilância, motivo por que não tomou conhecimento do seu neto, no parque de tratamento onde se encontrava;

3 - alerta-nos para que venhamos a emitir pensamentos de paz e amor, todas as vezes que pensarmos nos suicidas ou supostos suicidas, já que semelhante prática resultará em remédio salutar para o Espírito em sofrimento, no Plano Espiritual.

Sobre suicídio da natureza que estamos estudando – atirar-se a pessoa pela janela de um edifício de grande altura –, sugerimos ao leitor consultar o Capítulo 17 do livro *Vitória* (Francisco Cândido Xavier, Espíritos Diversos, Elias Barbosa, Prefácio de Emmanuel, IDE, Araras, SP, 1ª edição, 1987, pp. 157-167).

10

José Afonso de Souza Queiroz

NADA SE FAZ DE IMPROVISO NAS ÁREAS DO ESPÍRITO

Querida Mãezinha Sy, associo-me à suas preces, rogando a Deus por nós todos.

Comove-me perceber que se arriscou à viagem assim tão longa, no intuito de receber alguma notícia de seu filho.

José Afonso de Souza Queiroz

Foi o vovô Afonso quem me acordou para a necessidade de garatujar algumas palavras, em que lhe diga do meu amor e do meu reconhecimento.

Falou-me o avô, com respeito à sua ansieda-

de, à frente do Dia das Mães, e tento repetir-lhe os meus votos de paz e felicidade, tanto quanto à nossa querida Thaíse, a quem desejo transmitir o meu carinho e confiança de sempre.

Se estou melhor, é a pergunta que fazem. Estou, sim. Melhorando, pouco a pouco.

Desvincular-se, de repente, do corpo robusto, não é uma erradicação de raízes, como no mundo das árvores.

Nada comigo dizem do acidente que me trouxe à nova situação.

Para mim, tudo é ainda nebuloso.

A palavra "Camaquã" está em minha lembrança, mas não consigo articular minudências, embora saiba que estava em serviço.

Ainda sofro de certa amnésia parcial, de que sou tratado vagarosamente.

Ainda assim, não me esqueço da família querida.

O seu carinho constante, a dedicação da companheira, as esperanças do Fernando, a bondade de meu pai Maurício, o sorriso da Graça e as atenções do José Maurício estão em meu quadro de recordacões, através das quais vou reconstituindo outras, gradativamente, porque nada se faz de improviso nas áreas do Espírito, como igualmente nada se consegue sem preparação nos domínios das formas físicas.

Mãe Esy, continue orando por seu filho, e conduza o meu coração a todos os nossos em suas palavras de fé.

Não consigo alongar-me.

Em seu coração, todo o coração reconhecido de seu filho,

José Afonso

José Afonso de Souza Queiroz

* * *

A propósito da mensagem que ora nos absorve a atenção, psicografada pelo médium Xavier, a 9 de maio de 1981, fixamos tão-somente os seguintes itens:

1 - José Afonso de Souza Queiroz nasceu em Porto Alegre, Estado do Rio Grande do Sul, a 26 de janeiro de 1958, desencarnando em conseqüência de desastre automobilístico, a 19 de setembro de 1980.

*

2 - *Vovô Afonso* – Avô paterno, desencarnado em Paudalho, Estado de Pernambuco, a 2 de fevereiro de 1935.

*

3 - *Thaíse* – Prima do comunicante.

*

4 - *Camaquã* – Cidade do Rio Grande do Sul, para onde se dirigia José Afonso, quando se defrontou com a morte do corpo físico.

*

5 - *Fernando, Graça e José Maurício* – Irmãos.

*

6 - *Maurício e Esy* – Maurício de Almeida Queiroz e Esy Maria Garcia de Souza Queiroz, pais, residentes à Rua Casimiro de Abreu, 83, Porto Alegre, RS.

*

Confirmando os estudos de Allan Kardec e de vários outros autores, inclusive Ernesto Bozzano, sobre o período de maior ou menor obnubilação por que passa o Espírito, no momento da desencarnação e algum tempo depois, na grande maioria dos casos, José Afonso, a nosso ver, foi bastante feliz ao afirmar que "desvincular-se, de repente, do corpo robusto, não é uma erradicação de raízes, como no mundo das árvores."

De fato, o processo liberatório do Espírito, segundo informam os próprios Espíritos Superiores, é algo de muito sério, alertando-nos esses mesmos Benfeitores Espirituais quanto à necessidade que temos todos nós de sempre estarmos preparados para a desencarnação, procurando, tanto quanto possível, estabelecer metas de desvinculação progressiva dos bens materiais, que fazem com que a nossa individualidade eterna se sinta alegre no corpo como se estivesse numa "câmara abafadora", segundo Emmanuel, na obra *Roteiro,* recebida pelo médium Xavier.

Enquanto é tempo, desapeguemo-nos dos bens perecíveis da Terra, atendo-nos às construções do Espírito, através da prática infatigável da caridade material e moral, penetrando os domínios da humildade, para gáudio de nós mesmos e de todos aqueles que convivem conosco, no plano denso da matéria e no Extra-físico.

MENSAGEM II

Querida mãezinha, com o meu pai, em todos os nossos votos o meu desejo é que Deus nos ampare sempre.

Mãe, quase dez anos de saudade passaram com a nossa dor sempre fixa.

Hoje venho agradecer ao seu carinho e de meus irmãos a festa que fizeram em pensamento, pela passagem do meu pobre aniversário. Tenho esta sala, com a permissão dos que a dirigem, como sendo o salão de nossa casa para a comemoração que lhe deu tanto trabalho, sem que eu desejasse. Os amigos, alguns já nossos conhecidos, são os nossos convivas. As luzes do recinto são as velas acesas em homenagem ao nosso dia. As flores são as preces que ouço em todos os corações aqui reunidos para o bem. A música nos faz lembrar as harmonias de que nos valíamos para esquecer o acontecido na estrada para Camaquã... Os presentes são as vibrações de progresso que estão vicejando por dentro de nós. E para seu filho saudoso, a grande lembrança é sua presença de mãe que supera todas as presenças mais importantes que eu pudesse receber no meu dia.

Mãezinha, o tempo corre, mas a saudade permanece imortal em nossos corações. Em tudo o que ouço de belo, penso em seu coração dentro do meu.

Penso que os filhos que partem do mundo primeiramente são sentinelas de amparo aos pais queridos, porque em verdade, partimos e ficamos, marcamos a expansão das saudades; no entanto, todo o carinho que experimentamos está fixando mais carinho em nosso peito, desde o primeiro dia de nossa separação. Exemplo: as transformações foram muitas com os meus irmãos e com a nossa Thaíse, mas em nossos corações nada mudou.

Se é preciso sorrir, estamos prontos a sorrir; se temos obrigação de compartilhar com o meu pai Maurício, em algum acontecimento festivo, achamo-nos a postos para acompanhá-lo; entretanto, atrás de nossos sorrisos e nossas manifestações de alegria, estamos nós dois, trocando idéias um com o outro, observando a beleza da vida e as esperanças com que Deus nos acalenta os corações.

Desejo aos irmãos amigos, união abençoada e a todos da nossa equipe familiar a felicidade que merecem da bênção de Deus. E agradecemos a sua disposição de passar o dia 26 em preces e orações que nos fazem especialmente queridas.

Ao papai, sempre amigo, os votos de paz e prosperidade e aos irmãos queridos, desejo a realização dos ideais que almejam; e guardando a nossa festa de hoje à maneira de um retrato que a gente busca fitar constantemente para lembrar o melhor da vida, são os meus votos.

Querida mãezinha, mais uma vez receba em seus cabelos meu beijo entretecido no amor de seu filho, sempre reconhecido,

José Afonso

(Psicografado em reunião pública do Grupo Espírita da Prece, na noite de 27 de janeiro de 1990, em Uberaba, Minas.)

11

Júlio Brasílio Moraes

COM O RACIOCÍNIO ENFEITADO DE SONHOS

Querida Mãezinha Eva, abençoe-me.

Júlio Brasílio Moraes

Associando o papai Jerônimo aos meus votos a Jesus por sua saúde e paz, felicidade e bom-ânimo, venho pedir-lhe fortaleza e fé vigorosa na bondade infinita de Deus.

Querida Mãezinha Eva, aquela minha queda sob o impacto de um projétil disparado sem a intenção de alcançar-me, é o qua-

dro que lhe ficou na memória, como se aí estivesse incrustado em linhas de bronze.

Mãe, não chore mais, nem pense assim.

O autor do disparo não tinha consciência de que as dificuldades no assunto seriam minhas e não da outra pessoa, talvez a pessoa que ele desejava atacar, e isso nos obriga a compadecer-nos dele e a entregá-lo a Jesus na enfermaria da oração.

Quando me vi horizontalizado, justamente quando vinha para um estágio temporário com a família, no Brasil, para em seguida regressar à América, onde a irmã Vera Lúcia me aguardava, eis que um projétil me rouba a vida física.

A princípio, senti muita revolta no coração, mas, sem pronunciar palavra, quando as minhas últimas energias entravam em exaustão, na penumbra a que me reconhecia atirado, vi que uma senhora se abeirava de mim, impelindo-me a descansar.

Era a Vovó Clotildes, nas afirmações dela própria, aconchegando-me ao peito, qual se eu lhe fosse novamente uma criança.

Não resisti à diminuição de minha resistência e dormi um sono pesado, do qual não despertei senão depois de alguns dias.

A voz era apenas um cochicho em minha garganta, quando a Vó Clotildes me falou que não estranhasse.

Achava-me num posto de socorro espiritual, deixado pelo irmão Ricardo Campos, que era respeitado em Rio Verde por pai espiritual dos desamparados, e ali recebi tratamento e assistência, até que um dia, considerado portador de melhoras apreciáveis, pude ir vê-los ou revê-los em casa.

Doeu-me o seu suplício de mãe, ao lembrar-me, e roguei a Jesus, em preces, lhe renovasse as forças, porque o que eu experimentara, em Rio Verde, era o retorno de meu próprio passado espiritual.

Contraí aquela dívida e foi justo respeitá-la.

Por iniciativa da Vovó Clotildes, me foram mostrados a mim painéis e retratos do tempo em que eu fizera o mesmo com um rapaz recém-diplomado em Coimbra, e que voltava ao nosso País, com o raciocínio enfeitado de sonhos.

As fotos e os quadros não me enganavam.

Era eu mesmo a perpetrar a barbaridade que me desfigurava, e um sentimento de alívio me penetrou o Espírito ainda rebelde e inconformado.

Compreendi a minha dívida e aceitei-a, e agora venho pedir-lhe esquecer o que sucedeu no sudoeste de Goiás, tanto quanto procuro olvidar tudo e começar uma vida nova.

Mãezinha, auxilie-me.

Não se desespere.

Pensemos em Natal e Ano Novo.

Reúna-se com a família, recordando-me a paz.

Deus nos concede sempre o melhor e confio em que receberemos do Céu tudo aquilo de melhor que possamos receber.

Não guarde ressentimentos.

Meditemos no sofrimento moral das mães que lutam ao ver os filhos culpados nas grades da prisão, e note que isso não aconteceu comigo.

Não fui vítima, porque somente liquidei um dívida que me conturbava; rendo graças a Deus pela paz que veio habitar em meu coração.

Tanto quanto possível, peço-lhe para que o assunto não seja lembrado em nossa casa, porque o esquecimento é o melhor recurso para apagar todos aqueles que me recordem caído e amarrotado, quando isso era e foi um benefício de Deus para mim.

Venho desejar-lhes um Feliz Natal e um Feliz Ano Novo, repletos de bênçãos.

Todos os dias são novas oportunidades de renovação e serviço.

Peço aos queridos irmãos José Carlos, João Bosco e a todos os demais, inclusive os nossos queridos Paulo Estêvão e Victor, para que estejamos todos alegres e esquecidos do episódio infeliz.

A nossa Vera Lúcia, tanto quanto me aconteceu, vinculou-se à comunidade norte-americana, e decerto não voltará ao nosso País, a fim de residir.

E eu, transferido para a Vida Espiritual, sob a proteção dos amigos fiéis que encontrei, passarei à condição de cooperador dos irmãos que se fazem mensageiros do Pai, ao lado de nosso irmão Ricardo Campos e de outros benfeitores.

Querida Mãezinha, tenho recebido as vibrações de paz e entendimento que me buscam em nome do papai Jerônimo, e agradecendo ao seu coração de mãe todos os recursos de renovação e paz que me envia em suas orações, beija-lhe a face querida o filho e servidor de sempre, sempre ao seu lado com todo o meu coração,

Júlio Brasílio Moraes

* * *

De nossa entrevista com D. Eva Lemes Moraes, residente em Goiânia, GO, à Avenida Tocantins, 1.121, Edifício Tambaú, Apartamento 903 – CEP 74000, *fone:* 062-223-0852, na tarde de 27 de julho de 1987, em nosso consultório, em Uberaba, e do material que a sua gentileza nos enviou, por via postal, e que nos chegou às mãos, a 17 de agosto de 1987, eis o que conseguimos recolher sobre o Autor Espiritual da expressiva mensagem que acabamos de ler, recebida pelo médium Xavier, na noite de 22 de novembro de 1986:

Júlio Brasílio Moraes, filho do Dr. Jerônimo Carmo de Moraes, distinto advogado, e de D. Eva Lemos de Moraes, nasceu em Rio Verde, Estado do Goiás, no dia 9 de junho de 1957, e aí desencarnou, no dia 16 de janeiro de 1986, em decorrência de choque hemorrágico por vários ferimentos por projéteis no tórax, conforme Atestado de óbito, firmado pelo Dr. Eraldo Ribeiro de Moraes, não tendo deixado bens.

1 - "Querida Mãezinha Eva, aquela minha queda sob o impacto de um projétil disparado sem a intenção de alcançar-me,..." – Realmente, quando Júlio entrava num bar, onde dois indivíduos discutiam, um desses elementos, que se encontra desaparecido até hoje, na tentativa de alvejar o seu adversário, atingiu em cheio o tórax do estudante em férias no Brasil, tendo este chegado sem vida física no hospital para onde foi transferido.

*

2 - "Quando me vi horizontalizado, justamente quando vinha para um estágio temporário com a família, no Brasil, para em seguida regressar à América, onde a irmã Vera Lúcia me aguardava, ..." – De fato, Júlio, há seis anos e meio se encontrava nos Estados Unidos da América do Norte, fazendo um curso de Inglês, e, tão

logo terminasse a colheita, no Brasil, passando pela Itália, retornaria a São Francisco da Califórnia, onde reside sua irmã, há cinco anos, completados em dezembro de 1987, a advogada e cidadã norte-americana Dra. Vera Lúcia Moraes Henrique, casada com o Sr. Jadir Henrique, jogador profissional de futebol, natural de Crisciúma, Estado de Santa Catarina.

*

3 - *Vovó Clotildes* – Avó materna, D. Clotildes Pereira Lemes nasceu em Rio Verde, GO, a 22 de fevereiro de 1909, desencarnando em Goiânia, GO, a 8 de maio de 1984, em conseqüência de acidente vascular cerebral. Muito apegada ao neto, não pôde este vê-la em seus últimos momentos neste mundo, por já se encontrar nos Estados Unidos da América do Norte.

*

4 - "Achava-me num posto de socorro espiritual, deixado pelo irmão Ricardo Campos, que era respeitado em Rio Verde por pai espiritual dos desamparados,..."– Dr. Ricardo Campos nasceu e desencarnou em Rio Verde, respectivamente, a 27 de setembro de 1891 e 18 de abril de 1932, aí exercendo influência na vida pública, na condição de político, advogado e seguidor autêntico do Cristo e de Allan Kardec. Foi casado com D. Placidina Arantes Campos, tendo deixado os seguintes filhos:

a) Dalvanira Campos Cruvinel, já desencarnada;

b) Dr. Paulo Campos, atual presidente do Centro Espírita e ex-político de nomeada;

c) Lauro Campos, já desencarnado;

d) Amanda Campos, presidente do Instituto dos Menores Abandonados de Rio Verde;

e) Luzia Campos, já desencarnada.

Segundo nos informa o Dr. Jerônimo Carmo de Moraes, genitor de Júlio Brasílio de Moraes, Dr. Paulo Campos é o patrono do Edifício do Fórum da cidade de Rio Verde, que tem o seu nome, e do Centro Espírita da cidade de Santa Helena de Goiás.

*

5 - "Contraí aquela dívida e foi justo respeitá-la. Por iniciativa da Vovó Clotildes, me foram mostrados a mim painéis e retratos do tempo em que eu fizera o mesmo com um rapaz recém-diplomado em Coimbra, e que voltava ao nosso País, com o raciocínio enfeitado de sonhos." – Não nos sendo possível entrar em detalhes a propósito da Lei de Causa e Efeito, de que trata a obra-prima *Ação e Reação*, recebida pelo médium Xavier e editado pela Federação Espírita Brasileira, em 1957, pedimos vênia ao leitor para transcrever o seguinte trecho do Espírito de Humberto de Campos, a respeito da desencarnação de Joaquim José da Silva Xavier, na obra *Brasil, Coração do Mundo, Pátria do Evangelho* (págs. 109-110 da 1ª Edição, FEB, 1938), também recebida pelo médium Francisco Cândido Xavier:

"Tiradentes entrega o espírito a Deus, nos suplícios da forca, a 21 de abril de 1792. Um arrepio de aflitiva ansiedade percorre a multidão, no instante em que o seu corpo balançava, pendente das traves do cadafalso, no campo da Lampadosa.

Mas, nesse momento, Ismael recebia em seus braços carinhosos e fraternais a alma edificada do mártir.

– Irmão querido – exclama ele – resgatas hoje os delitos cruéis que cometeste quando te ocupavas do nefando mister de inquisidor, nos tempos passados. Redimiste o pretérito obscuro e criminoso, com as lágrimas do teu sacrifício em favor da Pátria do Evangelho de Jesus. Passarás a ser um símbolo para a posteridade, com o teu heroísmo resignado nos sofrimentos purificadores. Qual novo gênio surges, para espargir bênçãos sobre a terra do Cruzeiro, em todos os séculos do seu futuro. Regozija-te no Senhor pelo desfecho dos teus sonhos de liberdade, porque cada um será justiçado de acordo com as suas obras. Se o Brasil se aproxima da sua maioridade como nação, no influxo do amor divino, será o próprio Portugal quem virá trazer, até ele, todos os elementos da sua emancipação política, sem o êxito das revoluções feitas à custa do sangue fraterno, para multiplicar os órfãos e as viúvas na face sombria da Terra...

Um sulco luminoso desenhou-se nos espaços, à passagem das gloriosas entidades que vieram acompanhar o espírito iluminado do mártir, que não chegou a contemplar o hediondo espetáculo do esquartejamento."

Num livro escrito entre 1900 a 1914, editado em 1920, intitulado *Folhas que Ficam* (Emoções e Pensamentos), o ensaísta e crítico literário, ficcionista e poeta Nestor Victor (Paranaguá, Paraná, 12 de abril de 1868 – Rio de Janeiro, RJ, 13 de outubro de 1932), a nosso ver, compreendeu a essência do assunto de que estamos tratando, na belíssima página "Os Nossos Dois Vultos Supremos", referindo-se a Anchieta e Tiradentes (*in Nestor Victor* – Prosa e Poesia –, por Tasso da Silveira, Livraria AGIR Editora, Rio de Janeiro, 1963, "Nossos Clássicos" Nº 74, pp. 37-38), da qual extraímos este passo:

"Anchieta tem proporções para, pelo seu prestígio

espiritual, fazer do Brasil um mundo e desenvolver nesse mundo uma humanidade melhor.

Tiradentes é, para a liberdade, o que foi Anchieta para a caridade e para a fé, simboliza o civismo brasileiro do modo mais puro, mais ideal possível.

Ele enlouqueceu de loucura sublime pelo sentimento pátrio como o jesuíta enlouquecera pelo amor de Deus e das gentes.

Desde que se apoderou daquele ser a idéia que o levou ao patíbulo, Tiradentes esqueceu-se de si, como quem já propriamente não existe. O que torna irresistível é justamente sua imprudência, a cegueira com que ele tomava já pela própria realidade o que era unicamente o seu sonho.

Quiseram fazê-lo acordar, com o fato de encarcerá-lo, de submetê-lo a um longo martírio, a demoradas inquisições, à tentação de trair os outros conjurados. Tudo foi em vão. Ele continuou mergulhado em seu sonho. Denunciou-se a si próprio com a candura de uma criança. A única coisa que o molestava era ver que outros sofriam com ele também. Esses outros, na sua triste fraqueza, atiraram sobre o rústico caboclo todo o peso da culpabilidade maior. Tiradentes, entretanto, recebeu-a, acolheu-a como quem recebe uma graça. Por fim, sabendo que seria ele o único a pagar com o último suplício o tremendo crime (que assim se considerou sua ingênua tentativa), alegrou-se pela primeira vez desassombradamente, qual se houvesse conseguido uma suprema vitória. Morreu, sabendo que ia ser esquartejado, infamado até a terceira geração, como quem morre no apogeu da glória, sob aclamações cujo eco nunca mais se perderá."

*

6 - "Pensemos em Natal e Ano Novo" – D. Eva explicou-nos que seu filho Júlio era católico, e todas as vezes que telefonava para ele, quando estava em Brasília, servindo o Exército, ou já nos Estados Unidos da América do Norte, ele sempre dizia que estava rezando e tinha grande entusiasmo por ocasião das comemorações natalinas.

No último Natal que passaram juntos, em 1985 (a sua desencarnação ocorreu a 16 de janeiro de 1986), D. Eva impressionou-se com a alegria dele no preparo de tudo. "Deixa a melancia para eu arrumar, Mamãe!" – lembra ela, com lágrimas nos olhos.

*

7 - "Peço aos queridos irmãos José Carlos, João Bosco e a todos os demais, inclusive os nossos queridos Paulo Estêvão e Victor, para que estejamos todos alegres e esquecidos do episódio infeliz." – Irmãos de Júlio: a) José Carlos Moraes, fazendeiro em Rio Verde, casado com D. Lucilene Martins Moraes; b) João Bosco Moraes, comerciante em Rio Verde, casado com D. Jane Elmar Freitas Moraes; c) Dra. Vera Lúcia Moraes Henrique – Cf. item 2, acima; d) Jerônimo Carlos Moraes, psicólogo, residente em Goiânia; e) Paulo Estêvão Moraes, comerciante, residente em Goiânia; f) Jorge Fernando Lemes Moraes, comerciante, residente em Rio Verde.

* * *

Concluindo este já extenso capítulo, transcrevamos trechos de alguns cartões enviados por Júlio Brasílio de

Moraes à sua querida Mãezinha, muitos deles com pontos ilegíveis, devidamente assinalados:

1 - "Curitiba-PR, 04/01/77. / Oi pessoal, aqui tudo está bem. / Tenho conhecido mil lugares bonitos e muita gente legal. / Mamãe, um grande abraço para você e para todos, de seu filho *Júlio*."

2 - "San Francisco, 10/03/79. / Mãe, / – Em primeiro lugar desejo-lhe um Feliz Aniversário e que tudo seja feliz para você, pois você merece toda a felicidade do mundo. / Comigo tudo está bem, graças a Deus e tenho certeza de que Ele também está olhando por você, e que tudo está bem. / Peço a sua bênção e lhe desejo tudo de maravilhoso. / Um beijo de seu filho que muito lhe quer, *Júlio Brasílio*."

3 - "Florianópolis-SC, (....) / Oi gente, espero que por aí tudo esteja bem, pois por aqui está tudo legal, somente um pouco de chuva. Estou em Florianópolis, mas (....) hoje, irei para o Rio Grande do Sul. / Mamãe, aqui está tudo bem. / Dê um abraço a todos e um beijo no papai, de seu filho *Júlio*."

4 - "Hollywood, 22/08/1983. / Oi para todos! Aqui estou nesta linda praia, nos arredores de Los Angeles. / Depois de todos esses anos, sinto pela primeira vez o calor e a delícia do mar, pois em San Francisco nunca se é possível, (....) / Tenho muitas lembranças de quando estive no Rio de Janeiro com o Jerominho, e com isso muitas saudades de todos vocês. / Sua bênção Pai, sua bênção, Mãe! / Beijos para todos! *Júlio*."

5 - "Mãe, / É com grande fé que agradeço ao Nosso Senhor por tê-la comigo estes dias; também peço que Ele te acompanhe e proteja e que possa reservar-te muita saúde e paz de Espírito; foi maravilhoso senti-la novamente e saber que Mãe é a coisa pura para qualquer filho. / Deus

nos abençoe. / Te amo mais e mais. / Cuida mais de você. / Viva mais a Vida, porque é ótimo viver! / *Júlio*. / San Francisco."

A respeito deste último cartão, entregue, pessoalmente, à genitora, quando de sua visita ao filho, em San Francisco, depois de três anos de permanência dele naquela cidade (ele não pretendia voltar para o Brasil), explicou-nos D. Eva que ele, Júlio, disse, em voz alta, estas palavras, depois de dar uma flor a ela, D. Eva, e outra à sua irmã que, na época, ainda residia no Brasil:

"Obrigado, meu Deus, o senhor trouxe a minha Mãe até aqui!"

E, hoje, certa de que seu amado filho continua vivo, no Mundo Espiritual, integrando as hostes do bem, já com a sua pesada dívida cármica ressarcida, D. Eva, também trabalhando no socorro aos mais necessitados – físicos e moralmente –, em nome de Júlio Brasílio Moraes, estudando a abençoada Doutrina Espírita que tanto nos consola e esclarece, apenas se emociona quando relê no marcador de páginas, que foi distribuído por ocasião da Missa de 16 de janeiro de 1987:

"Nossa saudade embala o seu sono, filho querido!" – acrescentando:

– "Obrigado, Chico Xavier, que Jesus te dê muita saúde para que possas continuar distribuindo consolo e esperança para os tristes deste mundo!

Que Deus te abençoe, Chico Xavier!"

12

Luís Carlos de Freitas

FONTES DE PAZ E RENOVAÇÃO PARA O BEM

Meu caro papai e querida Mãezinha Dalva, compareço também nestes depoimentos da vida familiar.

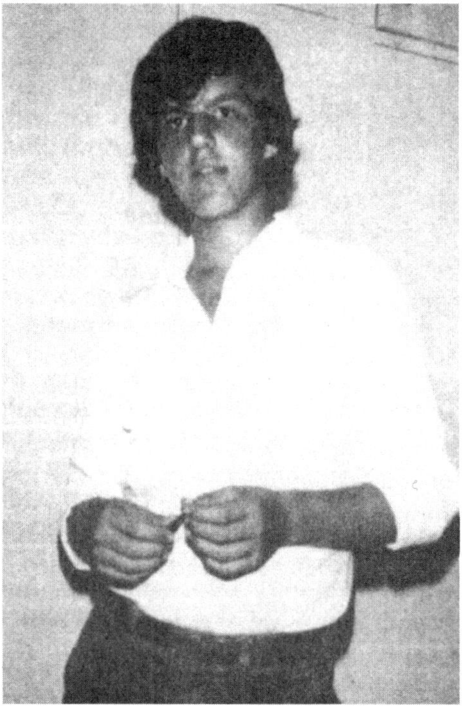

Luís Carlos de Freitas

Estamos contentes na concretização dos nossos projetos em andamento e edificação; "Elos de Amor" decifram corações unidos e a "Sociedade dos Pais Órfãos" expressa a existência de um recanto em que a Fé surpreenderá muito serviço a fazer.

Todos nos achamos felizes.

A irmãzinha Luci é realmente mensageira de renovação e júbilo, porque em seus diálogos conosco, ela consegue levantar as nossas idéias para a construção de um mundo melhor, a começar de nosso ambiente mais íntimo.

O Walter e eu agradecemos aos amigos Pedro e Vilma por todas as bênçãos que estamos recebendo.

Papai e Mamãe, o retorno para a Vida Maior não nos exonera do dever de prosseguir trabalhando e aprendendo...

Creio que estou compreendendo isso com mais segurança, por aqui, onde encontrei no vovô Abílio um amigo e mestre vigilante.

Espero em Deus que os irmãos Francisco, Antônio Carlos e Maria Cecília aproveitem de nossas experiências.

O Walter envia lembrança ao amigo paternal, o senhor Bruno.

Estamos todos na euforia de quem deseja aplicação ao serviço e encontrou a oportunidade desejada.

Fixados aos nossos "Elos de Amor", caminharemos adiante, espalhando o ideal de servir, que atualmente vem jorrando esperanças novas de nossas almas, qual se os corações estivessem transfigurados em fontes de paz e renovação para o bem.

Não consigo escrever mais.

Continuaremos, porém, na conversação sem palavras, do pensamento.

Com a alegria que me transmitem ao íntimo, entre-

go-lhes nesta carta ligeira os melhores planos de ação e meus mais belos sonhos de rapaz, no amor e na gratidão do filho saudoso e reconhecido,

Luís

Luís

Luís

Luís

* * *

Quando no plano físico, o Autor espiritual do depoimento familiar sob nosso enfoque, recebido pelo médium Xavier, a 4 de julho de 1980, escreveu um poema em que expressa o desejo de um mundo de paz e harmonia, sem guerras e sem catástrofes, um mundo sem pobreza e sem políticos desonestos, um mundo de pássaros, de crianças alegres e brincalhonas, o que bem corresponde ao seu entusiasmo pela instituição que então estava sendo construída, em sua homenagem: a "Casa de Crianças da Associação Cristã Luís Carlos – Elos de Amor". Na atualidade, conforme atenciosa carta do sr. Antônio da Costa Freitas, datada de 23/11/1992, esta instituição, localizada à Rua Guiomar Novaes, 88 – Vila Santa Lucrécia – Jaraguá – Cep 05185-000 – Fone 841-4801 – São Paulo, SP – mantém, em regime de creche, 150 crianças carentes, de ambos os sexos, na faixa etária de 9 meses a 6 anos e 11 meses.

Completemos estes nossos apontamentos:

1 - *Luís Carlos de Freitas* nasceu a 18 de dezembro de 1965, e desencarnou a 24 de novembro de 1979, filho de Antônio da Costa Freitas e de D. Dalva Bittencourt Freitas,

residentes em São Paulo, à Rua Aliança Liberal, 125 – apto. 81 – Cep. 05088-000 – Fone 260-7201.

*

2 - *Luci* – Luci Zanetti de Pieri, cuja foto aparece no volante da mensagem de Luís, distribuído pela sua família, nasceu a 28 de março de 1956, e desencarnou a 15 de janeiro de 1973 –, e *Walter* – Walter Flaborea, nascido a 13 de dezembro de 1968, e desencarnado a 2 de outubro de 1978 –, são Espíritos que se tornaram amigos de Luís, no Mundo Espiritual.

Luci Zanetti de Pieri

*

3 - *Senhor Bruno* – Sr. Bruno Flaborea, pai de Walter.

*

4 - *Pedro e Vilma* – Pais de Luci, que se tornaram amigos dos pais de Luís, após a sua desencarnação.

*

5 - *Vovô Abílio* – Abílio da Costa Freitas, avô paterno de Luís, nascido a 7 de julho de 1900, e desencarnado a 21 de janeiro de 1948.

*

6 - *Francisco, Antônio Carlos e Maria Cecília* – Irmãos do comunicante.

*

7 - Segundo informes da família, a repetição da assinatura nos originais da carta mediúnica, corresponde à forma com que Luís assinava, na vida física.

*

8 - "Sociedade dos Pais Órfãos", projeto dos genitores de Luís, cuja finalidade é a de agregar pais cujos filhos partiram para a Espiritualidade.

*

Com efeito, vem Luís nos reafirmar que o retorno para a Vida Maior não nos exonera do dever de prosseguir trabalhando e aprendendo, verbalizando ou na conversação sem palavras, cabendo-nos o esforço maior no sentido do nosso autoburilamento, já que somos, conforme a orientação dos Espíritos Superiores, artífices do nosso próprio destino.

13

Magno Cardoso

CARTA LIGEIRA DE IRMÃO RECONHECIDO

Túlio,

Meu querido irmão, meu filho, Deus nos abençoe.

Muito me comoveram os sentimentos que você me envia, e venho dizer-lhe que estou bem, apesar da falta que sinto da família e de casa.

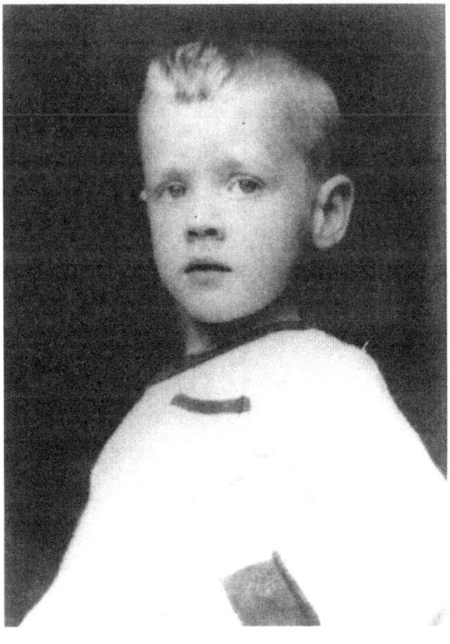

Magno Cardoso

Apesar de muito amparado por diversos familiares, sinto muitas saudades dos mesmos e espero que você e a família estejam fortes e tranqüilos.

Nossa mãe segue muito confortada e pede a você auxiliar com as suas vibrações de paz ao nosso pai Childerico.

Meu caro Túlio, não se aflija pelo fato de

não lhe ter sido possível acompanhar os momentos últimos de nossa mãezinha.

Ela sabe que você foi afastado por alguns momentos, por benfeitores espirituais que julgaram oportuna a sua ligeira ausência para que ela descansasse.

Peço a Deus abençoe o seu lar, a esposa e os filhos, que precisam de seu amparo e carinho.

Muito grato, mais uma vez, por sua generosidade, irmão amigo; deixa-lhe um grande abraço, nesta carta ligeira, o seu irmão reconhecido,

Magno

MAGNO

* * *

De nossa entrevista, na tarde de 19 de março de 1989, com o Dr. Túlio Régis Cardoso, residente à Rua Senador Feijó, 31, apartamento 402, *fone:* 333-3868, em Uberaba, Minas, distinto Cirurgião-Dentista e Professor de Prótese Clínica na Policlínica Getúlio Vargas da Universidade de Uberaba – Uniube –, casado com a Sra. Professora Simone Márcia da Silva Cardoso, colhemos o seguinte sobre a mensagem de Magno, recebida pelo médium Xavier, no Grupo Espírita da Prece, na noite anterior:

1 - Magno Cardoso nasceu em Nova Ponte, Minas Gerais, a 19 de janeiro de 1953, aí desencarnando a 29 de maio de 1956, em conseqüência de tétano, após ter se submetido à nefrectomia (rim esquerdo), filho do Dr. Childerico Chevalier Cardoso, advogado, residente em Monte Carmelo, MG, e de D. Ida Cardoso Chevalier, nascida a 2 de setembro de 1922, e desencarnada a 16 de junho de 1988.

*

2 - Dr. Túlio, que nascera a 25 de setembro de 1957, não tendo, portanto, conhecido o irmão, no plano físico, senão através dos brinquedos que dele herdou, sempre ouvia dos pais que Magno era uma criança saudável, de olhos azuis esverdeados, forte, inteligente; que em outubro de 1955, após lhe surgirem no rosto alguns pêlos e acne, foi levado a Uberaba, em busca de recursos médicos; que Dr. Osvaldo Martins de Oliveira encaminhou-o à Capital Paulista, com endereço do Dr. Luciano Decourt, do Hospital São Paulo; que uma vez constatado o diagnóstico de tumor maligno na supra-renal esquerda, e feita a nefrectomia, Magno ficou em tratamento, em sua terra natal, de novembro de 1955 até maio de 1956, quando desencarnou com três anos, quatro meses e dez dias.

*

3 - "Meu caro Túlio, não se aflija pelo fato de não lhe ter sido possível acompanhar os momentos últimos de nossa mãezinha. / Ela sabe que você foi afastado por alguns momentos, por benfeitores espirituais que julgaram oportuno a sua ligeira ausência para que ela descansasse." – Para que possamos nos inteirar devidamente do conteúdo destes passos da carta mediúnica, nada melhor que relermos o Capítulo L – "A Desencarnação de Fernando" –, de *Os Mensageiros,* do Espírito de André Luiz, recebido pelo médium Xavier, em 1944, quando os familiares encarnados do moribundo, ali presentes, emitindo recursos magnéticos em seu benefício, mas absolutamente inúteis para devolver-lhe o equilíbrio orgânico, foram afastados para que os Benfeitores Espirituais pudessem completar o chamado processo liberatório.

"Aproveitou Aniceto a serenidade ambiente" – diz André Luiz, às págs. 257-258 da 4ª edição, FEB, Rio, 1956)

– "e começou a retirar o corpo espiritual de Fernando, desligando-o dos despojos, reparando eu que iniciara a operação pelos calcanhares, terminando na cabeça, à qual, por fim, parecia estar preso o moribundo por extenso cordão, tal como se dá com os nascituros terrenos. Aniceto cortou-o com esforço. O corpo de Fernando deu um estremeção, chamando o médico humano ao novo quadro. A operação não fora curta e fácil. Demorara-se longos minutos, durante os quais vi o nosso instrutor empregar todo o cabedal de sua atenção e talvez de suas energias magnéticas.

A família do morto, informada pelo senhor Januário, aflita penetrou no quarto, ruidosamente.

A genitora desencarnada, porém, auxiliada por Aniceto e pelo facultativo espiritual que nos levara até ali, prestou ao filho os socorros necessários. Daí a instantes, enquanto a família terrena se debruçava em pranto sobre o cadáver, a pequena expedição constituída por três entidades, as duas senhoras e o clínico, saía conduzindo o desencarnado ao instituto de assistência, reparando eu, contudo, que não saíam utilizando a volitação, mas caminhando como simples mortais."

*

4 - Ao procurar o médium Xavier, Dr. Túlio informou-nos que esperava, tão-somente, que sua genitora lhe trouxesse palavras de consolo, a ele, à sua esposa e ao filhinho Guilherme, já que se achava deprimido, jamais pensando no irmão que não chegara a conhecer, nesta existência.

Do médium de Emmanuel, além da mensagem, Dr. Túlio apenas recebeu um recado de sua Mãezinha, afirmando que Magno, hoje, é um rapaz de 27 anos, trabalhando com outros jovens na Seara do Bem.

14

Pedro Alexandre Borba Pereira

SAUDADES TRANSFORMADAS EM ESPERANÇAS E ALEGRIAS QUE NÃO MORREM

Querida Mãezinha Sônia e querido papai Guilherme, peço-lhes para que me abençoem.

O susto já passou.

Conversemos calmamente.

Nunca pensei que pudesse um cavalo furtar-me a existência.

Tantos acidentes se multiplicam, na Terra, e justamente o animal a que me dedicava com mais confiança, se dei-

Pedro Alexandre Borba Pereira

xou levar por alguma influência de Espíritos infelizes, e numa certa movimentação que me pareceu o bailado da morte, arremessou-me a cabeça insegura contra o corpo pesado, que a princípio se me afigurou um monstro a esperar-me, agarrando-me pela gola.

Depois do choque, nada mais via, senão uma névoa grossa sobre a minha cabeça.

Ainda assim, queridos pais, não queria ter deixado a fazenda, sem pedir proteção para o animal que não teve culpa alguma.

Quando procurei expressar o que desejava, a voz já se extinguira na garganta.

Ignoro que sensações de pesadelo me tomavam naquela hora de solenes realidades para mim.

Ansiava gritar, dizer alguma coisa que os tranqüilizasse, mas nada consegui.

Dormi a contra-gosto, por longas horas, cujo número desconheço.

Quando acordei, experimentava a maior estranheza; admiti que estivesse internado em alguma clínica de repouso, mas depressa me desiludi, porque foi a vovó Alexandrina quem se aproximou de mim, explicou-me, com palavras brandas, que atravessara as raias do insucesso.

Bastou que ela me dirigisse alguns apontamentos, para que eu entendesse tudo, qual se a telepatia carregasse de informações mecânicas aquele nosso primeiro encontro.

Em seguida, depois de alguns dias, em que me cabia meditar sobre paciência e coragem, pude voltar à nossa casa, revendo os familiares queridos, que não me saíam da imaginação.

Mãe querida, o que me doeu na ocorrência, somente nós, com o papai, saberemos de tudo, que não existem palavras para traduzirem as lágrimas dos que se descobrem incomunicáveis na cela da angústia.

Somente agora, vou melhorando.

Sinto-me ainda preso às muitas saudades do campo e às alegrias da nossa vida doméstica.

Chorei com o seu pranto e reaprendi esquecidas orações para rogar a Deus que a consolasse.

Escutei as indicações de meu pai, no silêncio das suas horas de reclusão, e li com enternecimento e com muitas lágrimas o texto escrito por nossa Rachel com respeito à minha passagem para esta "outra vida".

Agradeço às irmãzinhas os pensamentos de carinho que me endereçam, e diga-lhes, Mamãe, por favor, que manteremos a certeza de que um dia nos entregaremos com júbilo das saudades que se mostram transformadas em esperanças e alegrias que não morrem.

Envio muitas lembranças ao querido Neto, o nosso Chico, a Sônia, a Rachel e a irmãzinha.

Que os irmãos não me considerem abatido e morto, pois não me aconteceu nem uma coisa, nem outra.

Querida Mamãe Sônia, desejava transmitir-lhes juntamente tudo quanto sinto, no entanto, a vovó Alexandrina e a vovó Rita, que me trouxeram, me aconselham a que me restrinja ao presente noticiário de reconforto.

Creiam que estou bem, melhorando cada vez mais.

Tenho regressado à nossa casa, mas ainda não consegui visitar os meus companheiros, os animais amigos; aqui, tenho a idéia de que estou engasgado com a saudade a me paralisar a mão.

Pensei muitas vezes, aí, que semelhantes estados sucediam unicamente com a voz, mas hoje noto que a força do amor que sofre é capaz de imobilizar-nos todas as energias.

Um abraço a toda a nossa gente amiga.

Peço dizer à Rachel que o irmãozinho continua vivo e que ela está certa, quando escreve que vamos nos encontrar.

Papai amigo, muito grato, por todo o seu amparo.

Não deixe a Mãezinha Sônia isolar-se na tristeza, e que a alegria esteja em nosso recanto, com o verde festivo de nossas árvores e com a tranqüilidade do nosso céu, porque aquele firmamento, que divisava da fazenda, não encontro ainda em outro lugar.

Mãezinha, estarei ao seu lado no próximo dia das Mães.

A vovó Alexandrina assim me promete, e se algum perfume balsamizar o nosso ambiente caseiro, lembre-se de que não me esqueci das flores para o seu maravilhoso dia.

Com o papai e com todos os nossos, receba, Mãezinha Sônia, todo o amor e todo o reconhecimento de seu filho

Pedro Alexandre

Pedro Alexandre Borba Pereira

* * *

Sobre a mensagem que acabamos de ler e que tanto consolo trouxe à família e aos amigos do comunicante, recebida pelo médium Xavier, a 1º de maio de 1982, observemos apenas o seguinte:

1 - Pedro Alexandre Borba Pereira nasceu a 1º de outubro de 1965, e desencarnou a 11 de janeiro de 1982, em conseqüência de queda de cavalo, na Fazenda Santa Tereza, município de Aragoiânia, Goiânia, Goiás.

Cursava a 7ª série do 1º Grau, no Colégio Vocacional – Setor Marista –, de Goiânia.

Filho de Guilherme Machado Pereira e de D. Sônia Aparecida Machado Pereira Borba, residentes à Rua 147, nº 236, Setor Marista, Goiânia.

*

2 - *Alexandrina Machado Borba* – Trata-se da avó materna, desencarnada a 12 de abril de 1968. Muito católica, era sua madrinha de batismo.

*

3 - *Rita Pêdra de Oliveira* – Bisavó paterna, desencarnada a 21 de junho de 1931, mãe de seu avô Francisco Pereira de Oliveira, residente à Rua 86-A, nº 9, no Setor Sul, em Goiânia.

*

4 - "Envio muitas lembranças ao querido Neto, o nosso Chico, à Sônia, à Rachel e à irmãzinha." – a) *Francisco Pereira de Oliveira Neto*, irmão, que era chamado na intimidade, ora por Neto, ora por Chico; b)*Sônia Cristina Machado Borba* e *Rachel Cristina M. Borba,* irmãs do autor espiritual da mensagem; c) *Renata Cristina Machado Borba,* com três anos de idade por ocasião do recebimento da página mediúnica, era sempre chamada de *irmãzinha* por ele, que a prezava muito.

*

A título de conclusão deste capítulo, meditemos, leitor amigo, sobre este trecho da peça medianímica em análise:

"Nunca imaginei que pudesse um cavalo furtar-me a existência. / Tantos acidentes se multiplicam, na Terra, e justamente o animal a que me dedicava com mais confiança, se deixou levar por alguma influência de Espíritos infelizes, e numa certa movimentação que me pareceu o bailado da morte, arremessou-me a cabeça insegura contra o corpo pesado, que a princípio se me afigurou um monstro a esperar-me, agarrando-me pela gola."

Na verdade, por habitarmos, por enquanto, um planeta de provas e expiações, destinado a se transformar em mundo de regeneração, onde pululam legiões inumeráveis de Espíritos ainda vinculados ao mal, sofremos a influência deletéria deles, devido à nossa invigilância ou por necessidade cármica nossa, por três motivos principais:

1º) *desejo de vingança:* são Espíritos a quem prejudicamos, em vidas pregressas, que procuram nos perseguir, não somente durante as horas habituais do sono reparador das nossas energias orgânicas, em que permanecemos fora do corpo físico, mas, minuto a minuto, em nosso período de vigília, para tanto hipnotizando Espíritos invigilantes que se tornam comparsas deles, complicando-lhes os respectivos destinos, visando à nossa ruína e destruição. Segundo as judiciosas observações do Dr. Adolfo Bezerra de Menezes, em sua obra-prima – *A Loucura Sob Novo Prisma* –, cerca de vinte e cinco por cento dos *obsidiados* (este o termo com que somos designados quando os chamados *obsessores*, implacavelmente, se empenham em nos atravancar os passos, causando-nos uma série incalculável de aborrecimentos e acidentes de vária gravidade) não perdoam os Espíritos perseguidores, desenfaixados da libré carnal, facilitando, sobremaneira, a sua atuação sobre nós, os que permanecemos vivendo longe dos padrões vibratórios do Divino Mestre.

2º) *Por pertencermos, apesar de nossas imperfeições, por misericórdia de Deus e para honra nossa, ao grupo dos que trabalham com o Cristo, na vivência e, principalmente, na divulgação da Doutrina Espírita.*

3º) *Por estabelecermos sintonia com os Espíritos afeitos às brincadeiras de mau gosto e à total irresponsabilidade.*

Cientes de semelhante realidade, que possamos, a cada instante, intensificar o nosso trabalho no bem, lutando contra a prática da maledicência, decorrente do nosso convívio com o egoísmo, o orgulho e a tola vaidade, lancemos mão de todos os recursos ao nosso alcance, capazes de nos garantir o máximo de segurança: o estudo diário das obras básicas do Espiritismo, lendo, no mínimo de três a cinco linhas das obras de Allan Kardec, ou um capítulo das obras de Emmanuel, da série *Caminho, Verdade e Vida* e *Palavras de Vida Eterna*, ou de André Luiz, do gênero *Agenda Cristã* e *Sinal Verde,* recebidas pelo médium Xavier, por dia, e o Culto Evangélico no Lar, pelo menos uma vez por semana.

Deste modo, passando pelos aborrecimentos imprescindíveis à nossa evolução espiritual, em conseqüência da natureza do próprio globo que nos serve de morada transitória, que possamos, em todos os nossos minutos disponíveis, trabalhar com Jesus, reverenciando Allan Kardec, à maneira do que vem fazendo o médium Francisco Cândido Xavier, há sessenta e dois anos.

15

Sérgio de Assis Cesarino

MENSAGEM I

Querida Mãezinha Geni, abençoe seu filho.

Venho dizer-lhe que estou bem.

Tudo o que parecia um pesadelo, agora é sonho.

Susiene, peço a você não permitir que a mamãe chore tanto.

Olhem, quando vocês me chamam chorando, fico doente e aflito sem saber o que providenciar.

O vovô Assis Carvalho está comigo, aqui.

Abraços *ao tio Rômel, Edmundo e a outros amigos.*

A gente, na Terra, não nasce sozinho, pois a bondade de Deus não nos deixa chegar aqui a sós.

As vibrações de amor e de paz de mamãe e do papai me auxiliam muito, mas peço me auxiliem com mais certeza de que estou ausente, mas não distante.

Essa afirmativa parece contradizer-se, mas entendo por ausência esse muro vibratório que não nos deixa perceber a presença uns dos outros, e por distância considero o impossível, porque os que se amam nunca se separam.

Quero dizer à nossa Cleuza que a Lúcia Helena está conosco, e faz o mesmo pedido.

As preces dos tios ajudam muito, mas a gente por aqui precisa da certeza dos nossos, a certeza de que a morte não existe como fim da vida, e sim apenas como um sono fajuto, porque de fato a pessoa acorda e vive para continuar no que é, procurando melhorar para alcançar o que deve ser.

Mãezinha, Susiene e todos os nossos, um abraço de coração.

Se eu disser até breve ou até logo, as expressões serão inadequadas entre as duas vidas, porque nós desejamos que todos vivam na Terra por muitos e muitos anos, servindo a Deus, amparando-se uns aos outros.

Receba, Mãezinha querida, todo o reconhecimento no carinho e no amor de seu filho

Sérgio

Sérgio de Assis Cesarino

* * *

MENSAGEM II

Mãezinha Geni, abençoe-me, é só um abraço.

A noite vai alta.

Muito grato por haver recebido a minha solicitação.

Era mesmo dois abraços que desejava enviar ao tio Rômel e ao nosso caro Edmundo.

Seu coração adivinhou e mais uma vez me auxiliou a acertar.

Por hoje nada mais posso escrever.

Peço à Rejane que fique tranqüila, amigos quando brigam um pouco, é porque se querem muito.

E Rejane continua sendo para mim a irmã querida de sempre.

Mãezinha Geni, com todos os nossos, guarde o reconhecimento e todo o coração de seu filho, sempre seu,

Sérgio

Sérgio de Assis Cesarino

* * *

Das mensagens de Sérgio, transmitidas por intermédio do médium Xavier, a primeira a 7 de abril e a segunda a 4 de agosto de 1978, publicadas ambas num bem cuidado folheto, retiramos os dados necessários aos nossos apontamentos neste volume.

Sérgio de Assis Cesarino, filho de Boanerges Cesarino e de D. Geni Carvalho Cesarino, nasceu em Mococa, Estado de São Paulo, no dia 26 de junho de 1960, e desencarnou no dia 19 de janeiro de 1977, em decorrência de acidente automobilístico.

Residia em Fernandópolis, SP, mas se encontrava em férias, juntamente com a sua família, na cidade de Campo Belo, Estado de Minas Gerais.

O acidente ocorreu quando ele voltava de Belo Horizonte, Capital do Estado de Minas, onde havia feito sua matrícula para o 3º Colegial e o cursinho, no Colégio

Pitágoras, na rodovia que liga a cidade de Formiga a Divinópolis, às 16:00 horas.

1 - *Susiene* – É a sua querida irmã, que contava quatorze anos de idade, quando aconteceu o acidente.

*

2 - *Vovô Assis Carvalho* – Trata-se do Sr. Francisco de Assis Carvalho, bisavô materno, desencarnado há 14 anos.

*

3 - *Tio Rômel* – Irmão de sua genitora, que dirigia o carro, na época com 28 anos de idade, solteiro, e também estudava em Belo Horizonte.

*

4 - *Edmundo* – Primo, filho de D. Cleuza, irmã de sua Mãezinha, que também viajava com ele e ficou gravemente ferido, estando bem, atualmente, graças à Divina Providência.

*

5 - *Lúcia Helena* – Desencarnada a 23 de julho de 1977, ainda muito jovem. De família campobelense, residente em Belo Horizonte.

Sérgio não a conheceu quando no Plano Físico; ela, porém, e sua tia Cleuza eram grandes amigas.

*

6 - *Rejane* – Sua grande amiga, residente em Fernandópolis. Com efeito, ela se sentia muito triste porque

antes de ocorrer o acidente, por motivo de uma brincadeira, houve entre eles um pequeno desentendimento.

*

Nota de D. Geni Carvalho Cesarino: "Nesta segunda mensagem, Sérgio veio para esclarecer que esqueceu de acrescentar a palavra *ABRAÇOS* em sua primeira mensagem (esta palavra se encontra grifada na primeira mensagem), que sua mãe acertou quando a acrescentou."

* * *

Da mais alta importância o que diz o Espírito de Sérgio, na Mensagem I:

"As preces dos tios ajudam muito, mas a gente por aqui precisa da certeza dos nossos, a certeza de que a morte não existe como fim da vida, e sim apenas como um sono fajuto, porque de fato a pessoa acorda e vive para continuar no que é, procurando melhorar para alcançar o que deve ser."

De fato, não basta que façamos somente preces em louvor de nossos familiares desencarnados, e que é de valor incalculável, mas torna-se necessário que firmemos a nossa convicção do continuísmo da vida além do túmulo, não num sentido total, absoluto, porque correríamos o risco do suicídio inconsciente para retornarmos o mais rapidamente possível à Vida Verdadeira, mas uma convicção relativa das realidades do Mundo Espiritual, para tanto lendo senão livros espíritas, pelo menos obras espiritualistas. Numa palavra: combatendo em nós mesmos as idéias materialistas, seguindo, aliás, as sábias recomendações de Allan Kardec, o ínclito Codificador da Doutrina Espírita.

16

Valéria Consentino

"PAI, CONFIO EM SUA MATURIDADE E EM SUA ABENÇOADA VIDA"

Meu querido pai, que a Providência Divina nos abençoe.

Sou a Valéria que vem conversar consigo.

Minhas dificuldades foram muito grandes, logo após o acidente na Marginal.

Seguia despreocupada com a melhor atenção no trânsito, quando a máquina mais pesada me abalroou e o carro não conseguiu suportar aquele toque indesejável.

O meu choque foi indescritível, porque ninguém conta com as possibilidades de um desastre ao sair de casa.

Vi-me, de momento para outro, atirada de encontro àquelas peças frias que, em me amassando todo o corpo, ao que percebi, me abriam fontes de sangue nas hemorragias internas.

Compreendi que o inevitável acontecera e que me achava desvalida de recursos para evitar a tragédia.

Embora aflita e atormentada com a perspectiva da morte, num pequeno espaço mental que me restava à lucidez, formulei uma prece, rogando o socorro de Deus.

Populares se abeiravam do quadro que não desejo

guardar na lembrança, mas não me recordo de um só rosto que me fosse conhecido.

Meus olhos estavam pesados e, por mais me esforçasse, não conseguia cerrar as pálpebras.

Nesse instante, em que minhas esperanças já se achavam longe de mim, um torpor que não sei descrever me dominou as forças que me restavam e desmaiei, até hoje não sei se de sofrimento ou de horror, porque as idéias contraditórias me esfogueavam a cabeça.

Não poderia resistir à convulsão que de mim se apossara, porque todos os meus últimos pensamentos se voltavam para a sua bondade paternal, para a Mãezinha Arlete e para o nosso Paulo, sem que eu pudesse algo fazer para tranqüilizá-los.

Caí numa inconsciência pesada e somente acordei, ignorando até hoje, depois de quantas horas ou de quantos dias, num aposento arejado e reconfortante que me firmou a suposição de estar em alguma internação de emergência, na Terra mesmo...

Meu cérebro estava confuso, sem que eu pudesse mentalizar os pensamentos com acerto, quando duas senhoras vieram para junto de mim, tentando sossegar-me o espírito atribulado.

– Não tenha medo! – recomendou uma delas – sou a sua avó Catarina e estamos reconfortadas por vê-la conosco.

A outra acrescentou:

– Valéria, não se creia abandonada. Estamos juntas. Sou a sua tia Zunckeller, chame-me assim e teremos muito contentamento em lhe sermos úteis.

Pude reerguer o meu ânimo abatido e agradeci com acenos de cabeça, porque a minha garganta me pareceu tão fechada, que a minha voz jazia presa dentro dela.

Mais quatro dias de tratamento e voltei à possibilidade do diálogo, certificando-me quanto à minha nova situação.

Perguntei, aflita, por meus pais e pelo irmão e obtive a promessa de visitar, em breve tempo, a nossa casa.

Foi breve o tempo de espera que, aliás, me pareceu uma longa fieira de horas amargas, e quando fui defrontada pela retarguarda que me nutria as saudades, fiquei estarrecida, porquanto a Mãezinha Lete caíra em desespero.

Pensava na morte, como se a morte voluntária lhe fosse a única saída daquela problemática de lágrimas que a lembrança do que me sucedera lhe causava.

Pai querido, a dor que lhes vi nos corações me doeu muito mais que as agressões do desastre, em que me vira despojada da própria vida.

Lutei, mas lutei muito, para arredar das idéias da Mãezinha o propósito do suicídio, mas não consegui.

Aquela alma forte e sensível fora ferida nas próprias entranhas, e por muito nos dedicássemos a ela, no sentido de alterar-lhe as disposições, incapaz de arrebatá-la ao terrível intento, vi-a arrasar o próprio corpo, imaginando que isso lhe abriria as portas da visão para o encontro comigo, quando o gesto dela, desertando da provação, nos agravava o espanto de todos.

Aquelas duas criaturas benditas, que eu já conhecia por vovó Catarina e tia Zunckeller, deram à Mamãe todo o apoio que se improvisa no amparo a uma filha doente, trazendo-a para o nosso convívio.

Médicos e magnetizadores vieram em nosso auxílio, mas a Mãezinha demorou-se para retornar a si mesma.

Agora, já me reconhece, mas trouxe muito desequilíbrio no corpo espiritual, que lhe tomará tempo para desaparecer.

Pai querido, a Mãezinha tem sofrido muito nos remanescentes do suicídio a que se entregou, e agora confessame temer por sua sanidade mental e pela sanidade mental do Paulo, e me solicitou pedir-lhes calma e conformação.

Muito ligada ao nosso Paulo, ela me recomendou transmitir-lhe a notícia de que está melhor e de que aguarda com muito carinho a continuidade dele na arte a que se consagrou.

Pai, ela e eu pedimos aos dois, com os nossos corações entrelaçados no mesmo temor para que não alimentem qualquer desejo de encontrar a morte prematura, que vem a ser uma calamidade na vida daqueles que a perpetram, e peço-lhe, tanto quanto ao meu querido irmão, para que vivam e superem os obstáculos que minha Mãe e eu lhes deixamos.

Querido papai Ítalo, confio em sua serenidade e bom senso.

Vim para cá, para Vida Espiritual, porque o meu tempo seria estreito, e a Mãezinha veio em condições difíceis, mas está em franca recuperação, para depois estudar com os Mentores de nossa existência, aqui, a que tarefas se consagrará, de modo a se preparar para o futuro.

Rogo-lhes tomar a vida natural, sem desânimo e sem desesperação.

Hoje, reconheço que somos amparados pela Infinita Bondade de Deus, cujas leis foram criadas em nosso benefício.

Pai, confio em sua maturidade e em sua abençoada vida, e confio na orientação sadia do nosso Paulinho para vencermos quaisquer amarguras que nos visitem os corações.

Agradeço à irmã Joana, à nossa Ana Lúcia e ao nosso

amigo Eduardo pela força que me proporcionaram para falar-lhes com a naturalidade com que o faço, não obstante as nossas limitações.

Peço-lhe dizer ao Paulo que, apesar da prova em que fomos colhidos, não me esqueci de beijar a Mãezinha pelo Dias das Mães, que está chegando.

Não escrevo mais longamente, porque isso não se me faz possível.

Pai querido, com o Paulo, receba todo o coração saudoso de sua filha que lhe será constantemente reconhecida,

Valéria Consentino

***

Apresentado ao Dr. Ítalo Salvador Lourenço Consentino e à Srta. Joana D'Arc Evangelista, que o acompanhava ao Centro Espírita Batuíra, onde estávamos escalado para proferir uma palestra evangélico-doutrinária, pelo Presidente daquela casa espírita uberabense, o médium de largos recursos, com uma respeitável folha de serviços prestados à Doutrina, há mais de quarenta anos, Sr. José Pedro Ribeiro, na noite de 26 de maio de 1988, somente no dia seguinte, sábado, fomos entrevistar o ilustre colega, pela manhã, na residência da empresária Joana D'Arc Evangelista, à Rua Vigário Silva, 51, aqui em Uberaba.

Levamos conosco um Questionário já datilografado, que foi devidamente preenchido pelo Dr. Ítalo, distinto cirurgião e médico legista de Santos, Estado de São Paulo.

Tanto quanto possível, transcreveremos, *ipsis litteris,* as palavras do distinto genitor de Valéria.

QUESTIONÁRIO SOBRE A MENSAGEM DO ESPÍ-

RITO DE VALÉRIA CONSENTINO, RECEBIDA PELO MÉDIUM XAVIER, NA NOITE DE 07/05/88, NO GRUPO ESPÍRITA DA PRECE, EM UBERABA, MINAS

1. *Nome completo da Comunicante:* Valéria Consentino, nascida em Santos, Estado de São Paulo, no dia 7 de setembro de 1963, desencarnando em acidente automobilístico, na Ponte Cidade Jardim – Marginal Pinheiros, em São Paulo, Capital, no dia 21 de março de 1987.

Causa mortis, segundo o Atestado de Óbito: Politraumatismo.

Fez os seguintes cursos: Odontologia, formada pela Faculdade Metodista de São Paulo, e Pós-Graduação na USP (estava fazendo este Curso).

Exercia alguma profissão? Sim. *Qual?* Dentista.

Religião? Católica.

Deixou alguma página escrita, teve algum sonho premonitório? Não sonho, mas provavelmente premonição. Cerca de 15 a 20 dias antes da morte, Valéria disse à Cida (Maria Aparecida Ferreira, nossa empregada com quem se dava muito bem e que está em casa há 24 anos e ajudou a criar a Valéria e o Paulo) que parecia que iria fazer uma grande viagem, mas não sabia para onde e que estava próximo. Cerca de 5 dias antes do óbito, ela disse novamente à Cida que provavelmente iria fazer uma grande viagem, não sabendo para onde e que nada, nenhuma viagem estava programada, mas sabia que iria viajar e estava muito preparada e "sem medo". Quando na quarta-feira, indo para São Paulo, se despediu da Cida, esta lhe disse: – Até sábado! (Era sempre de sábado que retornava de S. Paulo). Ela, Valéria, lhe respondeu: – "Não sei não... Não sei não..." Valéria, pessoa boníssima, não era preconceituosa; muito inteligente, caridosa.

Gostava de ler, de escrever? Sim. *Quais os livros preferidos?* Literatura. O último que lia, era sobre a morte.

2. *Nome completo dos Pais:* a) *Pai:* Dr. Ítalo Salvador Lourenço Consentino. *Profissão?* Médico. *Qual a especialidade?* Tráumato-ortopedia. *Endereço da residência:* Rua Castro Alves, 78 – Santos, SP – *CEP* 11040. *Endereço do consultório:* Avenida Conselheiro Nébias, 650 – Santos, SP – *CEP* 11050. *Telefone:* 33-14-22. *Os endereços podem ser citados no livro, do qual a mensagem fará parte?* Os dois. *Religião?* Católica.

b) *Nome da senhora Mãe:* D. Arlete Zunckeller Consentino, filha de Araseli Escribano Zunckeller e de Egydio Zunckeller, nascida em São Paulo, Capital, no dia 2 de outubro de 1940, e desencarnou em Santos, SP, em conseqüência de suicídio por tiro no crânio. *Qual era a sua religião?* Católica. *A sua escolaridade?* Superior. *Gostava de trabalhar?* Sim. Era professora de Inglês, muito conceituada pelos colegas e alunos, no Centro Cultural Brasil – Estados Unidos, em Santos.

3 - *Dados complementares*: a) *Vovó Catarina:* D. Catarina de Lourenço Monaco, natural da Sicília, Itália, desencarnada, provavelmente, na década de quarenta, em conseqüência de infarto do miocárdio. Bisavó paterna. Faleceu muito antes do nascimento de Valéria. Era católica. b) *Tia Zunckeller:* tia materna. Católica.

c) *irmão Paulo:* Paulo Consentino, caçula. *Idade:* 20 anos. *Escolaridade:* Superior. (Em nosso caderno, anotamos que Paulo cursava a Faculdade de Arquitetura e Urbanismo de Santos(FAUS) e a Escola Superior de Propaganda e Marketing, em São Paulo, e já havia visitado a Europa, o México e os Estados Unidos da América do Norte). *Religião:* Católica. *Já passou por alguma experiência dita paranormal?* Achava que era ele que iria morrer. Após a morte da irmã, ficou certo que havia pensado de modo trocado. (De nosso caderno: Sobre Paulo, pintor famoso, disse o coordenador da Galeria de Arte do CIBUS,

Carlos Eduardo Finóchio: “A arte ‘incontestável’ de Paulo Consentino traduz um momento de rara emoção. O requinte da cor e o gestual deste artista, nos transporta e resgata uma vitalidade jovem, vibrante e convulsiva. Dialogar com uma obra de tamanho vigor, é mergulhar no nosso íntimo. Magnífico. Consentino expressa com liberdade invejável as emoções contidas em ‘todos nós’.”)

No dia de seu retorno a Santos, 30 de maio de 1988, disse-nos o Dr. Ítalo: “– *Lete* não foi dito a ninguém. Eu falava *Letinha* e ela parece que falava *Lete*. Não tenho certeza. Foi um dado que não foi dado. Pode ser que a filha a chamasse de *Lete*.”

* * *

Concluindo este nosso estudo, leitor amigo, ouçamos o que o Benfeitor Emmanuel tem a nos ofertar, através do médium Francisco Cândido Xavier (*Roteiro*, Cap. 30 – “Renovação” –, FEB, Rio, 7ª edição, 1986, pp. 128-129), para a nossa meditação:

“Os corações despertados para a verdade começam a entender as linhas eternas da justiça e do bem. A voz do Cristo é ouvida sob nova expressão na mais profunda acústica da alma.

Quem acorda converte-se num ponto de luz no serro denso da Humanidade, passando a produzir fluidos ou forças de regeneração e redenção, iluminando o plano mental da Terra para a conquista da vida cósmica no grande futuro.

Em verdade, pois, nobre é a missão do Espiritismo, descortinando a grandeza da universalidade divina à acanhada visão terrestre; no entanto, muito maior e muito mais sublime é a missão do nosso ideal santificante com Jesus para o engrandecimento da própria Terra, a fim de que o Planeta se divinize para o Reino do Amor Universal.”